西安楼观 中国道文化展示区
"大道楼观"系列丛书

情结
CULTURE OF CHINA TAOISM

杨恩成 著

诗人的楼观

陕西师范大学出版总社有限公司
西安曲江出版传媒股份有限公司

图书代号：SK11N1106

图书在版编目（CIP）数据

诗人的楼观情结 ／ 杨恩成著． —— 西安 ： 陕西师范大学出版总社有限公司，2011.12
　　（大道楼观系列丛书）
　　ISBN 978-7-5613-5843-6

　　Ⅰ．①诗… Ⅱ．①杨… Ⅲ．①道教－宗教文化－研究
－中国②古典诗歌－诗歌研究－中国 Ⅳ．①B959.2 ②I207.22
　　中国版本图书馆CIP数据核字(2011)第221698号

诗人的楼观情结

作　　　者	杨恩成	
责任编辑	焦欣波	
文字统筹	张爱林　　王玉民　　张忝甜	
封面设计	黑子设计	
出　　　版	陕西师范大学出版总社有限公司	
	（西安市长安南路199号　邮编 710062）	
发　　　行	西安曲江出版传媒股份有限公司	
	（西安市雁塔南路300-9号曲江文化大厦C座 邮编 710061）	
网　　　址	http://www.snupg.com　http://www.xaqjpm.com	
印　　　刷	陕西金和印务有限公司	
开　　　本	710mm×1020mm　1/16	
印　　　张	12.5	
字　　　数	160千	
版　　　次	2011 年 12 月 第 1 版	
印　　　次	2011 年 12 月 第 1 次印刷	
书　　　号	ISBN 978-7-5613-5843-6	
定　　　价	39.00	

读者购书、书店添货或发现印刷装订问题，请与本公司营销部联系、调换。
电　　　话：(029) 85458066　85458068 (传真)

文化总顾问：任法融

总　顾　问：段先念

总　策　划：李　元

顾　　　问：杨书民　寇雅玲　刘俊青　樊大可　姚立军

　　　　　　刘　兵　李　平　任西安　陈共德　张印寿

　　　　　　王碧辉　刘武周

特邀专家

任兴之　樊光春　刘学智　谢扬举　陈法永　杨恩成　刘兆英

唐　汉　张长怀　王琪玖　王安泉　杨　辉　赵国庆

编审委员会

编审会主任：樊大可

编审会副主任：刘又明　韩　彬　秦晓英　颜　可　赖国斌

编　　　委：刘明辉　耿红梅　杨　波

目录
contents

目录 contents

壹

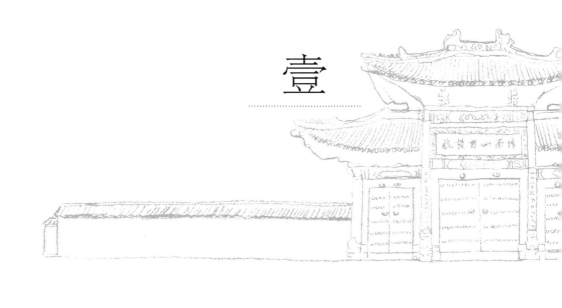

从函谷关到楼观
—— 钟灵毓秀话楼观

终南山

终南山的神话

　　终南山，雄踞华夏腹地，成为十三朝帝王之都的一道天然屏障。

　　"山不在高，有仙则名；水不在深，有龙则灵。"用刘禹锡在《陋室铭》中的这句千古名言来形容终南山是再好不过的。在古代神话传说中，秦穆公的女儿弄玉和她的男朋友箫史升仙的故事就发生在终南山。因此，终南山是中国古代神话中最早出现凡人升仙的名山。对崇奉仙道的人来说，能够羽化成仙，就能使得人的自然生命得到无穷的延续，是修道的最高境界。

也许是因为这个缘故，终南山成为中国道家思想的发源地。

山水是大自然的造化，而山的灵秀则是富有智慧的人赋予的。离开了人，自然山水也就失去了它的灵性和美感。所以，唐代著名文学家柳宗元被贬永州、面对满目凄凉的永州山水写了著名的山水散文《永州八记》。在别人看来那些景物没有什么值得喜欢的地方，而柳宗元却深有感触地说："美不自美，因人而彰。"就是说：自然山水的美是要靠人去发现的，没有人与自然的心灵交流和探索，美是不会自己彰显出来的。就像李白在《独坐敬亭山》中所说的："相看两不厌，只有敬亭山。"诗人完全沉浸在和大自然进行交流的忘我境界中，所以才觉得敬亭山的美是看不够的；同时，他又觉得敬亭山也一直在聚精会神地关注自己，这才有了"两不厌"的美感。

但是，长安城南的终南山则更有其独特之处！这就是：两千多年来，终南山不仅占尽十三朝帝王之都的无限风光，而且位于古都长安城西南周至县的楼观也因为老子在这里"传经布道"而成为中国本土文化中道家思想和道教的发祥地，从而使得楼观以及终南山在中国古代文化领域占有举足轻重的地位。尤其是在唐朝及其以后，楼观和终南山成为历代诗人吟咏不辍的题材，并被赋予神奇的美感。终南山，不仅连接着历代诗人和美好的自然山水，而且是人们向往道家和道教的精神寄托。

一样的南山，不一样的境界

《诗经·秦风》中的《终南》，称得上是古代诗歌领域中最早歌咏王畿之山终南山的诗篇。而被西魏滞留在长安的南朝诗人庾信在《陪驾幸终南山和宇文内史》一诗中把终南山比作五岳之尊泰山。但就文化底蕴而言，泰山是帝王祭天之所在，反映了"天人合一"的文化观念，而终南山则是被诗化了的自然山水，在这里产生的以老子为创始人的道家思想则反映了人与自然和谐的文化理念。

在写终南山的诗篇中，唐代大诗人王维的《终南山》当是首屈一指的佳作。诗的开头说"太乙近天都，连山到海隅"。终南山，又名太乙山。有人在解释这两句诗时，参照杜甫在《秋兴八首》中"蓬莱宫阙对南山"的表述方式，把"天都"解释成"天子之都"。这样一来，首句的意思就成了"终南山距离长安城很近"！以王维的才华，在赞美终南山时是不可能写出这么直白浅陋的诗的。确切地说，这里的"天都"，是指天神居住的天宫，而天宫本身又和道家的神仙信仰有关。所以，王维诗的意思应该是描绘终南山高耸入云、直逼天宫而又绵延不断，直到海边的雄伟气势，而并非一个简单的陈述句。接下来诗人写他游览终南山时所看到的景象："白云回望合，青霭入看无。分野中峰变，阴晴众壑殊"。把终南山移步换形的景象描绘得引人入胜。诗人沉浸其中，流连忘返，以至于准备借宿山中，来日再游："欲投人处宿，隔水问樵夫"。

唐代另一位著名诗人孟郊也有一首《游终南山》诗。不过，他首先着眼于终南山的高峻："南山塞天地，日月石上生。高峰夜留景，深谷昼未明。"这种超凡的景象已让人感到一种沉重的压抑，他还用一个"塞"字把终南山充天塞地的气势描述得更让人透不过气来。接下来，孟郊则是诉说自己科场失意后的人生感触："山中人自正，路险心亦平。长风驱松柏，声拂万壑清。即此悔读书，朝朝近浮名。"终南山的景致吸引了他，使

孟郊

他说出"悔读书"这样的话。这只是一种逢场作戏式的斯文！实际上，他对功名是十分热衷的，而且为此付出了多年的心血和努力，以至于到四十五岁才考中进士，在求取功名的道路上历尽坎坷、饱尝人间的酸甜苦辣。尽管如此，他还是高兴得忘乎所以，写出了传诵千古的诗句："春风得意马蹄疾，一日看尽长安花。"有人曾别出心裁地解释这一联诗："长安花"指长安城的美女。当时的习俗是：进士放榜之日，也是长安城的游春之时。朝廷给新进士提供马匹，让他们参与春游。而游人最多的地方就是曲江池。达官贵人们也趁这个时候带着未出嫁的姑娘出门，借赏春在新科进士中物色女婿。杜甫所说的"三月三日天气新，长安水边多丽人"，就是指这种盛况！孟郊尽管已过不惑之年，但也春心萌动，骑

杜甫

着马，满长安城的看美女，一饱眼福。这种解释，看似有理，其实和孟郊的为人大相径庭。虽然说"诗无达诂"，但也不能离开诗的本意随心所欲地进行解释。因为，唐时进士是正月考试，三月放榜。这时正是阳春三月，百花齐放的花季，孟郊也正好借看花消散一下心中的郁闷之气。因为他在诗的开头两句说："昔日龌龊不足夸，今朝放荡思无涯。"意思是说：未中进士前的窝囊就不要再提了！今天终于可以自由自在地放松一下了。但孟郊在他的诗歌艺术生涯中，却以凄寒苦吟著称，从来就没有轻松过。

所以，在写终南山的诗中，不管是王维的"连山到海隅"，还是孟郊的"南山塞天地"，都只是描绘出了终南山横亘华夏腹地的雄伟气象。

白居易和终南山

在唐代诗人中，白居易对终南山情有独钟。这不仅仅是因为他曾在终南山下的周至县做过地方官。用他的话说："胜地本来无定主，大都山属爱山人。"①在他看来，别人对终南山的喜爱多数都包含着浓厚的功利目的。所以，他在《过天门街》中甚至说终南山色映对京城长安简直是对美的一种浪费："雪尽终南又欲春，遥怜翠色对红尘。千车万马九衢上，回首看山无一人。"尤其是对于楼观、仙游一带的自然风光，白居易是非常喜爱的。有时候，他因自己不能心气平和地欣赏终南山的美景而感到遗憾。当朋友邀请他游山时，他无法脱身，只能对朋友说："王事牵身去不得，满山松雪属他人。"②他有时也深入周至山中，但不是去游山："两度见山心有愧，皆因王事到山中。"③"王事"和"游山"成了一对无法调和的矛盾，他只能用惭愧来请求终南山原谅自己。从这一联诗中可以看出：白居易已经把终南山当做自己的知心朋友了。白居易对终南山的这种情感，在唐代诗人中是独一无二的。

终南山作为一座富有人文意义的名山，它的灵秀表现最突出的是在道家思想的传播之地楼观。

长期以来，有句俗语说"天下名山僧占尽"。不过，只要我们仔细数一下，就可以发现，这句话其实应该改为"天下名山道占尽"！别的不说，仅就五岳而言，可以说都是"道家圣地"。其中尤以泰山、华山和嵩山著名。但是，终南山中的周至县楼观则是中国道家思想和道教的发祥地，这是不容置疑的客观事实。

---

① 见《游云居寺赠穆三十六地主》。
② 见《酬王十八李大见招游山》。
③ 见《再因公事到骆口驿》。

　　因而，山的灵秀之气，主要在于它所蕴含的文化底蕴，没有文化底蕴的山，是僵死的山！儒家有一句名言："仁者乐山，智者乐水。"其实是仁者和智者在自然山水中发现了与自己心灵可以进行交流的人文要素，才使得他们认为自然山水也具有了灵性。

李神通与终南山

　　雄峙关中的终南山，西起太白、东至华山，道观成为它独特的人文景观。而这一切都以周至县的楼观为中心。

　　周至县和终南山在李唐王朝创立过程中，曾经发挥过重要作用。李神通是李渊的堂弟。对于这个人，人们习惯上把他称为李神通。实际上，他的名字叫李寿，字神通。李渊在太原起兵，李神通潜入长安一带。他信奉道教，所以，选择了位于户县、周至间的终南山的楼观，秘密聚兵屯粮，准备迎接李渊入关。而李渊的女儿和女婿柴绍也在司竹招兵买马。可以说，在李渊还没有入主长安时，长安城西南一带已经是后来建立的唐王朝的重要基地。

西安市周至县楼观台之说经台

但是，李渊入主长安、建立唐王朝后，只给李神通授了一个宗正卿的闲职。为什么说是闲职呢？因为宗正卿这个官只是管管李氏宗族内部的事务，不涉及朝政和军国大事。李渊把老子奉为远祖以后，还亲自到楼观来过。《资治通鉴》记载："武德七年十月，高祖上幸楼观，谒老子祠。"

李世民当皇帝后，倒是对他的这位叔父比较器重，委以重任，并依靠李神通打败了窦建德、刘黑闼、宇文化及等地方势力。因其战功卓著，拜开府仪同三司。

楼观 道家 说经台

楼观：李唐王朝的圣地

楼观，在今西安市周至县城南、终南山北麓。

为什么把这个地方称为楼观？据唐李吉甫《元和郡县志》记载，楼观，本来是周康王大夫尹喜的住宅，后来，"周穆王招引天下幽逸之人，置为道士"。直到秦汉，这里皆有道士居之。西晋时，晋惠帝司马衷也对源于楼观的道家思想表现出浓厚的兴趣。在他即位初期，就对楼观进行修葺，并招来道士研习道教。因为这里有尹先生楼，故取名楼观。

唐高祖武德年初，李渊下诏，把楼观改名为宗圣观。这一方面和李唐王朝为了抬高李氏宗族的历史地位、把老子尊为自己的远祖有关；另一方面，也和李神通以楼观为中心屯兵终南并最终取得胜利有关。但在文献和诗文中，人们还是习惯楼观这个名字。

李吉甫所说的"周穆王招引天下幽逸之人，置为道士"，实际上是借用了汉朝以后的说法。因为周穆王时期还没有道教，更谈不上有"道士"，所以，李吉甫所说的"道士"，应该是研究天地之道的人，和汉

宗圣宫

代以后作为宗教职业者的道士是不一样的。

南宋时的王应麟在《玉海》中关于"楼观"的得名则是这样说的：《关令尹传》曰："尹喜结草为楼，精思至道。周康王闻之，拜为大夫。以其楼观望，故号此宅为关令草楼观。即观之始也。"

关令尹喜，就是把老子堵在函谷关的那位"海关关长"。关，即函谷关；令尹，官名；喜，是他的名字。从时代上看，逼着老子传授《道德经》的这位关令尹喜，实际上应该是周康王大夫尹喜的后裔。因为从周康王到老子入关，其间共有一千五百多年！

还有一种说法：周穆王爱好神仙之说，因尹真人草楼在终南山之阴，他就把"幽逸之人"尹轨、杜冲，谓之道士，居于草楼之所，号草楼观。所谓"幽逸之人"，实际上就是隐士之类的人。

从上述文献记载可以看出：在老子入关前，楼观就已经成为周文化中研究"天地之道"的地方，而且是以追慕神仙为主。所以，周穆王

老子巨像

驾八骏西游昆仑的神话传说恐怕就与此有关。而老子入关之后，把他传经布道的地方选在这里，是因为关令尹喜在这里有自己的楼观。但是，作为一种文化形态，周康王和周穆王所倡导的"道"和老子的"道"则有一种认知意义上的相似。因为，在中国传统文化中，"道"是支配天地、自然、社会、人生的绝对宇宙精神，天地间的一切，都是按照"道"来运行的。

　　道家，是中国传统文化中出现的第一个学派。在中国传统文化发展史上是先有道家，后有儒家。上古民歌中有一首《击壤歌》唱道："日出而作，日入而息，凿井而饮，耕田而食。帝力于我何有哉！"①这首民歌所唱的内容，虽然是赞美隐逸生活的和谐自然，但也可以将其视为道家崇尚自然的思想在现实生活中的原始体现。

----

①见王充《论衡·艺增》。

道家：中国盛世文化的载体

道家的文化精神是中国文化中人与天地自然和谐的文化渊薮①，因此，在古典诗歌中追求自然和谐的人格境界的诗人，无不倾心于道家思想，而其中希望羽化成仙者，又沉溺于道教。

纵观中国文化历史，道家文化又和中国的"盛世文化"紧密地联系在一起！唐代宗大历元年，即公元766年秋，杜甫流落到了长江三峡地区的夔州。他饱含着对京城长安的深切思念，写下了著名的组诗《秋兴八首》。在写到唐王朝中央政权所在地大明宫的宏伟壮丽时，有一联传诵千古的名联："西望瑶池降王母，东来紫气满函关。"

写京城长安的繁荣盛况，杜甫却用了两个和道家文化密切相关的故事：一个是西王母在瑶池设宴招待周穆王；一个是道家的始祖老子入函谷关。对杜甫来说，这两个故事的运用，决不是创作灵感的一时冲动，而是把道家文化视为中国"盛世文化"的象征。我们可以回顾一下历史。在唐以前，史学家盛赞的盛世是西汉王朝的"文景之治"

河南灵宝函谷关遗址

和汉武帝的丰功伟业。在唐代，则是唐玄宗的"开元之治"。从文化思想上看，"文景之治"和"开元之治"的出现，都和这几位皇帝崇尚黄老之术或道家思想密切相关。

----

①薮：人或东西聚集的地方。

长期以来，我们的思想史上常常说汉武帝"罢黜百家、独尊儒术"，这与历史事实略有出入。

汉武帝被毛泽东评价为"略输文采"的帝王，很显然是说他在文化建树上成就不高。但是，汉武帝对道家文化的崇尚已经发展到了痴迷的程度。耸立在汉长安城建章宫中的"金铜仙人"既是他事业辉煌的象征，又是他沉溺道家长生术的历史见证。连追求长生的白居易都不得不承认："中天或有长生药，下界应无不死人？"[①]因此，中国思想史上常常说汉武帝"罢黜百家，独尊儒术"，这是不完全确切的。因为汉武帝特别尊崇道家的长生术，最起码他没有"罢黜"道家思想。正由于汉武帝尊崇道家思想，所以他就相信神仙之事。正因为他相信神仙之事，所以他才让道家的方士替他招引李夫人的魂灵。方士找了一个和李夫人相貌近似的女人站在重重薄幕的后面，让汉武帝在远处隔着朦胧的烟雾观看，朦胧中所产生的视觉上的错觉，使汉武帝竟然相信了方士的骗术。

汉武帝

在中国文化史上，"道家"这一称谓出现在汉初。汉武帝时未央宫里的"竹宫"以及他所建造的"九华帐"就是为迎接天上的神仙而准备的。后来，他又在终南山的翠华山中修建了迎接天神的太乙宫。这些都是汉武帝崇尚道家思想的确凿证据。

在汉王朝的发展史上，汉武帝是继他的爷爷和父亲开创的"文

---

① 见《曲江醉后赠诸亲故》。

景之治"之后把汉王朝推向全盛时期的帝王。而"文景之治"的出现，恰恰是文帝、景帝奉行"黄老之术"的结果。在这样的文化环境中继承皇位的汉武帝不可能听信一介书生董仲舒的建议而改变祖宗"家法"。所谓的"独尊儒术"只不过是儒生为了抬高自己日益衰微的社会地位而表达的一种愿望罢了。再比如，汉武帝在位时，开凿了"烟水浩淼，周回四十余里"的昆明池，显示了大汉王朝雄霸之气。史料记载，汉武帝开凿昆明池是为了训练水军。这只是为了美化他。因为我们在文献记载中根本没有发现汉武帝在昆明池训练水军的事，看到的反而是帝王后妃在昆明池游乐的记载。而且为了显示昆明池浩淼无边，汉武帝还在昆明池东、西两岸竖立起了数丈高的织女、牛郎的雕像，借以证明昆明池就像天上的银河那样宽广无边。

由于昆明池影响深远，直到唐代还是京城长安西南郊的游览胜地，所以，清朝的慈禧太后把给自己在北京城西修建的皇家园林颐和园中的人工湖也取名昆明池。

杜甫在《秋兴八首》中说的"昆明池水汉时功，武帝旌旗在眼中"，只是一种对盛世的向往，而并非是历史事实。而"织女机丝虚夜月，石鲸鳞甲动秋风"，是借汉朝影射唐王朝的辉煌盛世已经一去不复返了。所

昆明池遗址

以，硬要说汉武帝"罢黜百家，独尊儒术"，那是无视历史事实。再说，在中国历史上，我们还没有发现哪个封建帝王因为崇尚儒家文化而使天下大治！

这充分证明了以老子为代表的道家文化在中国盛世文化中的核心地位。尤其是在封建社会，不少封建帝王都是奉行"内用黄老，外示儒术"的治国方略的。

老子批评孔子

虽然老子的思想成为盛世文化的凭借。可是，老子的思想却产生于春秋末年的社会动乱时期。这就是人们常说的"乱世出思想"的文化现象。

所以，在中国文化史上，老子进入关中，在楼观设坛讲经，从而使道家文化在长安这块文化热土中生根开花。这就使得长安成为道家文化的发祥地。

老子什么时候进入关中？连司马迁在《史记》中都没有记载！我们根据《孔子家语》记载，大致可以作出这样的推测：孔子五十一岁以后，曾向老子问礼。孔子生活于公元前551年①——公元前479年。据此，孔子向老子问礼应当在公元前501年左右。若以二十年为一代，那么，孔子问礼时老子的年龄应该是七十岁左右。所以，老子大约生于前571年左右②。而老子入关也应该在孔子向他问礼之后，即公元前501

孔子

---

① 即周灵王泄心二十一年左右。
② 即周灵王泄心初年。

年前后。这时周王室早已衰微不堪，占据关中的诸侯应该是秦惠公。

老子本人是周朝的"守藏室之史"。这个职务，用现在的话说，就是中国文献记载中最早的图书馆馆长。

孔子向老子问礼时，老子摆出一副长者的架势，很不以为然地对孔子说："子所言者，其人与骨皆已朽矣。独其言在耳。且君子得其时则驾，不得其时则蓬累而行。吾闻之：良贾深藏若虚，君子盛德，容貌若愚。去子之骄气与多欲，态色与淫志，是皆无益于子之身。吾所以告子，若是而已。"我们把这段话用现代汉语来表达，那就是："你问的那些事，早就成为历史了。说那话的人不仅死了，而且连骨头都朽了。只不过关于礼的言论还不时地被人们谈起。再说了，机会来了，君子就可以出去做官；时机不成熟，那你就只能像被风吹断的蓬草那样到处漂泊。我听说：会做生意的人，表面上看，他好像什么都没有。实际上他囤积了许多货物。这就像那些道德高尚的君子一样，尽管道德高尚，但是表面上看起来似乎很平常。"他接着就教训孔子："你应该去掉自己的骄气和不切实际的欲望；你那装腔作势的样子很令人反感，你的志向是不符合实际的妄想！这些对你自己都不利。我能告诉你的，就是这些。别的，你就别问了！"

老子的这一番话表面上看是批评孔子的言行，实际上是对孔子所提倡的恢复周礼的主张的批评。其核心是人如何顺应时代的变化。归纳起来有这样几点：一、针对礼，老子认为它已经成为历史了，所以，他要孔子就不要再去纠缠了；二、君子应该认清时局、把握好机遇；三、人不能欲望太强，要善于控制自己。用白居易的话说，就是做一个没有俗念的人。

老子的这番话，有些已经成为人们熟知的成语，比如"大智若愚"、"大无大有"。至于老子所说的"不得其时则蓬累而行"，在后世的诗歌中常常被用来形容文人不得其时而四处飘零。

从老子的谈话中可以看出：老子对当时社会变革的现实看得很清

楚。所以他才教训孔子不要勉强去做那些根本无法实现的事情。要说老子的"无为",恐怕也就在于此。

我们今天有一句很时髦的话,叫做"梦想成真",实际上就是让人无视现实而堕入不切实际的幻想。如果梦想能成真,那还要审时度势干什么?从古到今,老子在一定条件下的"无为"比孔子"知其不可为而为之"的人生态度现实了许多,因为他顺应了客观现实。

确切地说,在百家争鸣的先秦时期,道家和儒家都是失败者,因为最终胜利的是法家。

不过,在失败者中,老子是头脑最清醒的思想家。

儒家想恢复周王室的正统地位,但是,社会潮流不可逆转。道家,特别是庄子则想在诸侯纷争的时代为自己争得一席自由驰骋之地,但现实社会又不是他们所想象的那样可以让自己随心所欲,他又不愿意像孔子所说的那样"知不可为而为之",于是,就采取另一种方式,大力宣扬个人自由,呼唤人的自然属性的回归,以期获得精神上的自我解说。在剧烈的社会变革时期,道家也只能如此!

对现实社会秩序,道家是持批判态度的,甚至否定一切。但也应该看到,道家并不是否定一种制度本身。它的批判精神是在个人的社会需要,主要表现为精神需求得不到满足时的一种精神抗争。也正是这种抗争精神,使得许多儒士在实现社会理想的过程中遭受挫折后,转而用道家的"无为"来安慰自己受挫的心灵。这在古代诗人中几乎成为一种惯例。

成功的隐士与失败的李白

在道家学说中,老子主张清静无为,而庄子则主张自我个性的张扬。不管是个性张扬,还是清静无为,都只能是弱者的自我宽慰或狂

放。李白就声称："安能摧眉折腰事权贵，使我不得开心颜！"①有人说，这是李白反叛精神的闪光点，其实这是一个极大的误解。从李白的经历看，李白"摧眉折腰事权贵"的事情很多，那他为何还要这样说呢？他只是希望在"事权贵"的过程中能够"平交王侯"，使自己"开心颜"。不开心的事，他不愿意做。按李白的本意，人与人之间应该是平等的。退一步说，李白幻想在现实社会中，个人应有充分自由的空间。在

李白

等级森严的封建社会，这只能是一种天真幼稚的幻想，所以在现实生活中他就难免碰壁了。他的许多发牢骚的诗就是在这种心态下创作出来的。于是，在盛唐社会出现了一种很时髦的文化现象：崇尚道家学说的诗人在人生不得意的时候就去做隐士。就像人们常说的：没有隐士，就没有道家学说；而做隐士又是崇尚道家学说的人常常选择的处世方式。

要说做隐士而成就了丰功伟业的，整个唐代恐怕只有长安人李泌了。李泌年轻时，不愿意走科举考试的路子，就遍游嵩山、华山、终南山，求仙访道。从学道来说，楼观是他的首选之地。同时他又博览诸子百家，尤其对《老子》有深入的研究，所以，唐玄宗经常召他进宫讲授《老子》。天宝年间，给唐玄宗讲《老子》的有两个人，一位是李泌，另一位就是被李林甫提拔作了宰相的陈希烈。不过，和李泌相比，陈希烈这个人更擅长用神仙、符瑞等荒诞怪异的事情取悦唐玄宗；而李泌则通过对《老子》的研习，掌握了一套随机应变的处世方法，这才使得他能在"安史之乱"中协助唐肃宗力挽狂澜，扭转危局。不过，李泌对唐

①见《梦游天姥吟留别》。

肃宗让他做宰相的事情是坚决推辞，只"愿以客从"，参议国事，他的这种参政方式实际上是给自己留了一条退路。即便是出了什么差错，因他无官职在身，也不会承担多大的责任。于是，有人就说：要想在官场上左右逢源，就得认真研究老子。在他们看来，老子的哲学是圆滑的哲学。其实这是误解了老子。在老庄哲学中，要说圆滑，恐怕庄子难脱干系。《庄子·山木篇》记载了这样一件事：有一天，庄子和他的弟子到山里去游览，有个木匠看见一棵又高又粗的大树，大家都以为他会砍伐这棵树，不料那木匠却说，别看这棵树长得粗壮，其实它不是好材料，说罢，扛着工具走了。晚上，他和弟子下山，到一个朋友家借宿。朋友让家里的仆人宰一只鹅招待庄子。这户人家有两只鹅，仆人不知道该宰哪一只，就问主人。主人说：把那只不会叫的鹅宰了。弟子第二天问庄子：昨日山中的那棵大树因为不是好材料，才没被木匠砍伐，得以终其天年；而您朋友家的那只鹅，因为不会叫（没本事），却被宰了。都是不才，一个得以颐养天年，一个却被宰了。请问先生：您是做一个有才的人呢，还是做一个无才的人？庄子回答说："我就做'有才'与'无才'之间的那种人。"庄子的选择，其实就是脚踩两只船，算得上是滑头。白居易对所谓的"材大难为用"又有自己的看法。他在《感所见》一诗中说："巧者焦劳智者愁，愚翁何喜复何忧？莫嫌山木无人用，大胜笼禽不自由。网外老鸡因断尾，盘中鲜脍为吞钩。谁人会我心中事，冷笑时时一掉头。"这首诗可以说是对《庄子·山木篇》最精彩的解释。白居易认为，世上的人，聪明人和智者是最辛苦的。而那些傻乎乎的老头子无忧无喜，一天到晚乐呵呵的，因此，不要嫌弃那些所谓的无用之材。关在笼子里的鸟，羽毛华丽，人们一边看，一边赞美，但是，这种失去自由的"有用之材"又有什么好羡慕的呢？你再看看笼子外面的那些秃尾巴鸡，谁也不会去欣赏它，可是，它是自由的。更让人感到悲哀的是，人们餐桌上味道鲜美的鱼就是为了一丁点诱饵而送了命。谁

要是能理解我的心事，那他就是一个无忧无虑的自由人了。要做到这一点，就应该像老子所提倡的那样，用"绝圣弃智"的办法去对付人间的一切烦恼。老子的这种处世思想，后来被郑板桥概括为四个字："难得糊涂。"

而"山人"李泌则不一样。他是一个满腹韬略的人才。"安史之乱"初期，唐王朝岌岌可危。李泌处变不惊，运筹于帷幄之中，而郭子仪则决胜千里之外。在平定"安史之乱"的过程中，郭子仪被称为"唐室再造"的元勋，但他的成功和李泌的幕后策划是分不开的。所以，有个叫汪小蕴的女子写诗说李泌"勋参郭令才原大，迹似留侯术更淳"。遗憾的是唐肃宗急功近利，在收复长安和洛阳以后，不采纳李泌的建议，轻视了对河北的残敌的肃清，从而导致九位节度使兵败河阳，致使好不容易取得的大好局面几乎毁于一旦。本来两年就可以结束的平叛战争，一直打了八个年头。收复两京之后，李泌看到肃宗开始重用宦官李辅国，政局开始变得动荡起来，于是请求肃宗准许其退隐。而这种急流勇退的抉择使他躲过了无法预料的灾难。李泌的出山与退隐，是对老子的"无为"与"无不为"的准确把握。

唐朝人没有不会写诗的，李泌也不例外。不过他写出来的诗充满了"道家意味"。比如《咏方圆动静》："方如行义，圆如用智。动如逞才，静如遂意。"关于这首诗，诗坛上流传着这样一个故事：开元十六年，唐玄宗下诏，召集能言佛、道、儒者，在皇宫中召开辩论会，互相发难。有个名叫员   的小孩，只有九岁，口若悬河，对答如流。唐玄宗一问，才知道他是初唐时期著名诗人、我国第一位武状元员半千的孙子。唐玄宗说："怪不得你有这样的才华，原来你是员半千的孙子嘛！你告诉朕，有没有和你才能相当的小孩？"员   说："有啊！我舅舅的儿子李泌就和我一样。"唐玄宗马上下诏：宣李泌进宫。李泌进了皇宫，唐玄宗和燕国公张说正在看人下棋，唐玄宗让张说考考李泌。张说随口说："你说一下'方圆动静'。"李泌说："您能不能限定个范围？"张说指着棋盘说："方若棋局，圆若棋子，动若棋生，静若棋死。"李泌马上接着说："方若行义，圆若用智，动如骋材，静若得意。"其实这只是一首类似哲学讲义式的说教，算不上是好诗。但一个七岁的小孩能说出这样的话，使得张说、张九龄等人对李泌不得不刮目相看。唐玄宗也很吃惊，就对李泌的父亲说：你要好好培养这个孩子！仔细看这四句诗，实际上向人们昭示了他为人处事的原则。

李泌还有一首《长歌行》，比前一首诗更为直白地道出了他对道家学说的认同与接受："天覆吾，地载吾，天地生吾有意无？不然绝粒升天衢，不然鸣珂游帝都。焉能不贵复不去，空做昂藏一丈夫。一丈夫兮一丈夫，千生志气是良图。请君看取百年事，业就扁舟泛五湖。"这首诗可以说是用道家思想诠释人生。在李泌看来，人生活在天地之间是什么事情都可以发生的。言外之意是告诫人们不要给自己人为地设置许多奋斗目标。一个人，既能辟谷、绝粒，修成神仙，离开尘世；也能骑着高头大马在长安城中耀武扬威。但是，你既成不了神，也做不了高官，就不应该死死地赖在京城，而应当回归乡野田园。否则，你就玷污了大丈夫的声名！你再看看：古往今来成就了大业的人，哪个不是功成名就以后就像范蠡那样泛舟五湖？李泌的话是把老子和庄子的思想糅合起来的，反映了他对道家学说的认同与把握。在这一点上，和李白还是非常相似的。不过，就泛舟五湖而言，李白则多了一种"人生在世不称意，明朝散发弄扁舟"①的人生选择。而且，李白还有一个特点，那就是：他声称自己要回归江湖的那些诗，几乎都是在京城长安以外写的；在长安，他是不说那些漠视功名的话的。因此，同属于道家学说的信仰者，李泌更多的是老子思想的践行者；而李白则更倾向于庄子的"逍遥游"。

① 见《宣州谢朓楼饯别校书叔云》。

唐玄宗在楼观

在楼观文化中，唐玄宗是一个不容忽视的帝王。他崇信道教，自然和李唐王朝把老子奉为远祖有关。据史料记载，开元二十九年，唐玄宗做了一个梦，梦见太上玄元皇帝李耳对他说："我是你的远祖。我有一尊像在京城西南一百多里的山中。你派人去找，找到后，咱俩在兴庆宫相见。"唐玄宗马上派人去寻找，结果在周至县楼观附近的山中果然找到一尊三尺高的老君玉像。唐玄宗在兴庆宫举行了隆重的迎接仪式。据说还专门改"景龙观"为"迎祥观"供奉这尊老子玉像。

唐玄宗

而且唐玄宗的两个妹妹金仙公主和玉真公主都很痴迷道教。早在唐睿宗景云初年，两个人就一起出家为女冠。唐睿宗就在皇城西北角的辅兴坊给俩人修建了道观，金仙公主的道观在辅兴坊的东南角，玉真公主的道观在西南角，面临安福门至开远门的东、西繁华大道。据两《唐书》①记载，唐睿宗动用大量的人力物力给他的两个女儿修筑道观，曾引起朝廷中一些官员比如魏知古、辛替否等人的强烈反对，但是唐睿宗根本不听。只有一个叫窦怀贞的人赞成大兴土木，因而深得睿宗喜欢。这个窦怀贞是个奸佞之人，为了迁升，依附太平公主，在和太子李隆基的斗争中，太平公主失败了，窦怀贞没了靠山，只好跳水自杀了。尽管如此，也没有免去戮尸之辱。说起窦怀贞，还有一个笑话。他的妻子曾是韦皇后的奶妈，

①两《唐书》：即《旧唐书》、《新唐书》。

后来嫁给了窦怀贞。他每次奏事，都要表明自己的这个身份。对皇宫中的宦官，他也是毕恭毕敬。有一次，他看见一个穿着官服的人，没长胡子，误以为是宦官，赶紧笑脸相迎，惹得满堂大笑。玉真公主的道观在当时来说辉煌无比，就是玉真公主"仙逝"以后，其道观依旧香火旺盛。玉真公主死于唐代宗宝应初年，但其后她的道观仍然受到很好的保护。张籍有一首《玉真观》是这样说的："殿台曾为贵主家，春风吹尽竹窗纱。院中仙女修香火，不许闲人入看花。"道观受到如此严密的保护，闲人免进！可是，那些在道观中"修香火"的"仙女"的遭遇却鲜为人知！这些所谓的"仙女"，其实是被贬出皇宫的宫女，她们是永远被禁锢了青春的女子。《全唐诗》中那些"送宫人入道"诗就是写她们的不幸遭遇的。

早于张籍的卢纶写过一首《过玉真公主影殿》："夕照临窗起暗尘，青松绕殿不知春。君看白发诵经者，半是宫中歌舞人。"玉真公主去世后，在她的道观中专门给她塑了像，供人瞻仰。而道观中的女冠子有不少人是皇宫中的宫女。有些年龄大的，不能把她们放归社会，就送到道观中，任其自生自灭。

玉真公主除了在京城的通衢大道边有道观，在华山和终南山又建造了多处"别馆"。其中有一座就在楼观的南边。

玉真公主入道后，道号持盈。这很有意思。所谓"持盈"，就是《道德经》第九章开头所说的："持而盈之，不如其已。"说得通俗一点，就是人不能贪得无厌，应该知足；只有知足，才能常乐。不然的话，"金玉满堂，莫之能守。富贵而骄，自遗其咎"。尤其是那些干了一番事业的人，应该"功成身退"，这是"天之道"。贵为公主，却不享受皇亲的至尊荣华，出家为女冠，这倒不是说玉真公主看破红尘，而是当时的社会风气把崇道视为一种超凡脱俗的行为而趋之若鹜。李林甫贵为宰相十九年，这在唐王朝的历史上是绝无仅有的，但是，他的女儿李腾空却在庐山出家作了女道士，足见道教在唐代所受到的欢迎。

道家道教与求仙

文化史上有一种现象很值得注意：一种思想一旦被宗教化，它原本的哲学层面上的认识论意义就被掩盖了，变成一种观念上的信条或教条，而且原本活跃的认知思维活动被神秘的仙、道、神所替代。在这方面，白居易可以说是最早看出来从道家到道教的变化的。他在《海漫漫》一诗中批评秦始皇、汉武帝、唐玄宗迷信神仙、方伎是对老子思想的背离："玄元圣祖五千言，不言药，不言仙，不言白日升青天。"白居易是信奉道家思想的，但他对服药、求仙、羽化升天等是持怀疑态度的。

玉真公主就是为了升仙而出家为女冠的。因为她和她姐姐金仙公主的道教老师史崇玄就是一位用方伎之术迷惑太平公主的方士。

妹妹在楼观建有别馆，唐玄宗就经常在百官的陪同下驾临楼观。有时高兴了，还要即兴赋诗。遗憾的是唐玄宗的诗已经佚失，但是，陪同唐玄宗到楼观的王维的诗《奉和圣制幸玉真公主山庄因题石壁十韵之作应制》却流传下来了："碧落风烟外，瑶台道路赊。如何连帝苑，别自有仙家。比地回銮驾，缘溪转翠华。洞中开日月，窗里发云霞。庭养冲天鹤，溪流上汉查。种田生白玉，泥灶化丹砂。谷静泉愈响，山深日易斜。御羹和石髓，香饭进胡麻。大道今无外，长生讵有涯。还瞻九霄上，来往五云车。"

众所周知，王维是信仰佛教的。可是，在这首诗中，他把玉真公主修道、炼丹的事写得很详尽。首先，在诗的开头两句，他把玉真公主在楼观的"别馆"比作西王母居住的瑶台。这种比喻自然很符合玉真公主的特殊身份和地位。她不仅在帝苑旁边有道观，而且在终南山的楼观还有自己的"别馆"，使得皇帝不时地光临此地。接下来是对玉真公主别馆环境的描写。"缘溪转翠华"表现潺潺溪流环绕着玉真公主的别馆。"洞中开日月，窗里发云霞"两句，不是一般的环境描写，这里的"洞"，也不是我们常说的普通的山洞，而是具有特定的道教意义。按照道教的规定，女仙多遨游于太清，次则居于洞府。而那些尘缘未断的"再次者"就被降谪人间，等到历尽劫数以后，才可以升天。所以，太清与洞府是专供女仙遨游或居住的。民间俗语所说的"洞天福地"在道教规程中实际上是针对女仙而言的，而且，洞府常常被连用。"开日月"和"发云霞"既写其环境的神秘，又写其修道的高深莫测。至于庭院、溪流，也非常人所居之地可比：鹤是冲天之鹤，那溪流直通银河。这尽管是一种夸张的说法，但是，他用张骞奉汉武帝之命寻找河源而到达天上银河的传说，却符合道教神话。而"田生白玉""灶化丹砂"则是写其炼丹。在道教养生术中，"内丹功"和"外丹功"是两大功修。对于玉真公主而言，从王维的这首诗看，她是注重炼丹服食的外丹功的。在写了玉真公主后，诗转向对唐玄宗光临玉真公主别馆的描写。哥哥远道而来，妹妹就应该设宴招待。"御羹和石髓，香饭进胡麻"两句，用简洁的诗句写玉真公主招待唐玄宗：皇帝喝的汤（御羹）里面添加的有"石髓"，吃的主食是由域外传来的胡麻饭。胡麻饭虽然是源自域外的食品，但它毕竟是大众食品，而加有"石髓"的御羹，则明显的是道家的养生食品。所谓"石髓"，就是石的精华。葛洪在《神仙传》中说：神山五百年一开，其中有石髓，人只要服了它，就可以和天地永存。其实，"石髓"就是我们今天常说的石钟乳，根本就没有那么神奇的功效，要是服用多了，还会得胆结石。但是，这东西毕竟比较少，"少见多怪"就成了自然而然的事了。不过，玉真公主给她哥哥喝的汤并不是把石钟乳压成粉末放在汤里，而是在做汤的时候，把石钟乳也放在汤里煮。这种吃法，源自周朝的邛疏①。"大道今无外，长兰讵有涯。

---

① 见《列仙传》中仙人，能行气炼形，煮石髓而服之，得以成仙。

还瞻九霄上，来往五云车。"在做了这些赞美之后，诗人把笔触又转向玉真公主，赞美她得天地之大道，其生命将像天地那样永恒。

在唐代诗人中，王维被誉为"诗佛"。其实禅诗，只是王维诗中很少的一部分。他是一个见山说山、见道说道的人，遇见禅师，自然又堕入"不着一字，尽得风流"的佛禅境界。在王维那里，宗教只是对一种文化的体认，并非是作者已经完全堕入其中而不能自拔。更何况他的这首诗是陪唐玄宗游览玉真公主别馆，在皇帝面前写诗人只能投皇帝之所好。因此，他这时谈论宗教，只是把宗教变成显示他艺术素养的媒介，并不是他人格精神的核心。

王维

相比之下，高适就不一样了。他有《玉真公主歌二首》，其一："常言龙德本天仙，谁谓仙人每学仙。更道玄元指李白，多于王母种桃年。"其二："仙宫仙府有真仙，天宝天仙秘莫传。为问轩皇三百岁，何如大道一千年！"尤其是第一首，作者说：你玉真公主本来就像神仙一样，想不到你还学神仙。更有甚者，学道的人还说：当年老子"指李为姓"的年代比西王母种桃的年代还要悠久。这实际上是在讽刺李氏：你们也不想想，西王母还没有种下桃李，哪来的李树让你指李为姓？这种辛辣的讽刺在唐诗中很少见，和王维的一味恭维实在是大相径庭。

楼观或终南山也正因为帝王的眷顾才变成了充满仙风道意的名山。吸引了众多的文人墨客徜徉其中，吟诵不已。

唐代诗人的楼观情结

岑参有《楼观》诗。在以楼观为题的诗中，岑参的这首诗恐怕是较早的："草楼荒井闭空山，关令乘云去不还。羽盖霓旌何处在？空馀药臼在人间。"唐王朝尽管把老子尊为先祖，奉为太上玄元皇帝。可是，我们从岑参的这首诗中，丝毫看不出楼观的辉煌与壮丽。相反，楼观经常是观门深闭，草楼、荒井，庭院寂寂。在岑参看来，这一切都是由于"关令乘云"而去，"羽盖霓旌"早已不见踪影，只有一尊药臼遗留人间。岑参未免把楼观写得太荒凉了。

相比之下，出家做了女冠的玉真公主在楼观的别馆就不一样了。比如储光羲的《玉真公主山居》："山北天泉苑，山西凤女家。不言沁园好，独隐武陵花。"诗中的天泉苑已无法考证其具体位置，但《古楼观紫云衍庆集》记载：今楼观南山之麓玉真公主祠堂存焉。开元中期戴璇在《楼观碑》中也说"玉真公主师心此地"。根据这两条记载，我们大致可以认为：玉真公主的山居就在楼观之南的不远处，而"天泉苑"就在今楼观台"说经台"附近，说不定就是今天"说经台"下的"上善池"。所谓"山西凤女家"就是指仙游寺附近秦穆公的女儿弄玉宅遗址。诗人让玉真公主山居处于这两个具有神秘色彩的地方的中间，其地位之突出也就不言而喻了。"沁园"，代指公主的园林。东汉时，窦宪仗着他妹妹是汉章帝的皇后，到处作威作福。他看上了沁水公主的园林、田地，就用很低的价钱逼着沁水公主卖给他。后来，文人们就用"沁园"指代公主的园林。在储光羲的眼里，玉真公主的别馆恍若人间仙境。不说它多么引人入胜，仅满园的桃花就已经让人感到仿佛进入了桃源仙境。说公主的山庄，为什么一定要说"武陵花"即桃花源呢？因为桃源仙境在中国古代诗歌中特指道家天地。道家和桃花的关系历来很密切。早在汉代，传说在现在浙江的天台山下住着两个小伙子，一个叫阮肇，一个叫刘晨。有一天，他俩相约到天台山里去采药，不知不觉中迷了路，正当他俩又饥又渴时，忽然看见溪水中有桃花瓣漂来。他俩想：有桃花，就会有人家。于是，就顺着小溪往里走，在一片桃花盛

开的林中遇见了两个漂亮的姑娘。天台，古时候属越国，是出美人的地方。杜甫南游吴越的时候，别的给他的印象不深，唯独这里的气候和姑娘给他留下了深刻印象，直到晚年回忆起来，仍旧很神往："越女天下白，鉴湖五月凉"①。阮肇和刘晨说明来意之后，那两位姑娘把他俩领回家，盛情招待，还挽留他俩住下。二人乐而忘返。半年后，俩人都很想家，就告别了两位姑娘，下了山。回到故乡以后，村里的人都不认识他们。好不容易凭印象找到自己的家时，却发现堂屋里供着祭奠他们的牌位。询问之后，才发现白发苍苍的老人是他们的五世、六世孙，而他俩依旧是二十几岁的年轻人。他们这才明白自己入了仙境，遇见了神仙。桃源仙境也就由此而产生。既然在仙境，就意味着超越了时间和空间，所以，他俩依旧年轻。有感于家乡已经是物是人非，他俩就又沿着原路想返回仙境，结果那仙境却毫无踪影。这就是道家与桃源仙境的关系，有了这层关系，道家和桃花就结下了不解之缘。

唐代大诗人刘禹锡有《游玄都观》诗二首，第一首说："紫陌红尘拂面来，无人不道看花回。玄都观里桃千树，尽是刘郎去后栽。" 玄都观在唐长安城崇业坊，即现在的大兴善寺西的朱雀大街和含光路之间的唐城宾馆一带。刘禹锡因为参与"永贞革新"，被执政的保守派贬到朗州。十年后，他回到长安，恰逢桃花开放，他去玄都观游览后写了这首诗。结果引起当政者的不高兴，又把他二次贬出京城，到连州去任刺史。十三年后，他又回到京城长安，再次游玄都观，写了第二首："百亩庭中半是苔，桃花净尽菜花开。种桃道士归何处？前度刘郎今又来！"这里的刘郎，一语双关，既指自己，又切合刘晨、阮肇入天台山在桃花林中遇见仙女的神话故事。

由于身份特殊，所以，玉真公主在长安道教界乃至整个唐代道教界都是一位举足轻重的人物。一时间天下修道或慕道者对其奉若神灵。

① 见《壮游》。

　　李白第一次入长安，首先拜访的就是玉真公主。（关于李白第一次入京后在长安的活动，我们将设专章进行介绍。）

　　在中国文学史上常常把苏轼和李白相提并论。也是事有巧合，李白离开终南山三百多年后的1061年，二十八岁的苏轼任凤翔府签判，并先后多次游览了李白当年心往神驰的楼观台及其附近的仙游潭、中兴寺、楼观、五郡城、授经台、大秦寺、玉女洞、延生观等名胜古迹。他还应朋友邀请，到户县去品尝渼陂湖出产的鱼。

苏轼与楼观

苏轼

　　苏轼二十一岁时，和弟弟苏辙同时考中进士。还没等到授官，他母亲便去世了，他只好和弟弟回家守孝三年。嘉祐六年，在欧阳修的推荐下参加了才识兼茂科考试，被授予大理评事签书凤翔府判官。在仕途上正是他春风得意之时，历史文化底蕴深厚的终南山以及楼观等在他的笔下只是一种文化表象的符号而已。他两次游楼观，留下了两首诗。

　　第一首《楼观》："门前古碣卧斜阳，阅世如流事可伤。常有幽人悲晋惠，强修遗庙学秦皇。丹砂久窖井水赤，白术谁烧厨灶香。闻道神仙亦相过，只疑田叟是庚桑。"这是一首充满了道意和道家传说的诗。在古楼观门前立石的记载出自道家典籍《云笈七签》，据说是楼观最初的观主周康王大夫关令尹自己立的。阅尽数千年，这块石头到

苏轼的时候还在楼观的山门前矗立着。也许苏轼游览到楼观时正是夕阳西下的黄昏，所以他大发感慨："门前古碣卧斜阳，阅世如流事可伤。"一块石头，阅尽人间沧海桑田，恰如孔子站在河边所叹息的："逝者如斯夫，不舍昼夜。"那么，苏轼为什么要对岁月如流感到伤心呢？因为，从关令尹以来，人世一直就在演绎着盛衰更替、弱肉强食的悲剧。像老子所倡导的太平盛世虽然有过，也不过是过眼烟云，有些甚至是昙花一现！

就说秦始皇吧，他在楼观的南边给老子建了祠堂，又能怎么样呢？他追求长生不老，想让秦朝江山流传万世，而秦王朝只延续了短短的十五年！他自己不仅没有福寿永昌，反而变成了骊山脚下一抔黄土里的一具尸首。五百年后，晋惠帝司马衷又对老子祠重新加以修整，这也没能保住晋王朝长治久安！斜阳映照下的古碣说明楼观的辉煌已经成为历史的记忆！"丹砂久窖井水赤，白术谁烧厨灶香"两句，融会了两个道家故事。"丹砂"一句的故事出自葛洪的《抱朴子》。抱朴，即《老子·十九章》所说的"见素抱朴，少私寡欲"。葛洪自号"抱朴子"，他把自己所著的道教书就取名《抱朴子》。这本书主要讲神仙方药、养生延年、禳邪去祸等。其中有个故事说：临沅县有户姓廖的人家，几代人都很长寿。后来，廖氏的后人把房子卖了，搬到别处去住，子孙常常夭折。而买他房子的人家却变得长寿了。为什么会这样呢？原来这户人家的井水发红。于是就从井的周围向下挖，想探个究竟。结果发现了古人埋藏的几十斛养生的丹砂。原来井水发红，是丹砂溶化后渗入井水中，人们喝了，自然长寿。

据《金石粹编》记载，楼观也有药井，唐朝初年还在向外渗水。白术，是一味中药，能够去湿、除恶气。道家常常焚烧白术以避腥膻之气。苏轼用这个故事写他在楼观所看到的道家遗迹以及观内清幽的环境，这些都和道家追求养生、长生有关。从这几句诗以及诗人所化用的故事看，到了宋代，道家或道教成了以养生延年为主的学说。苏轼虽然为楼观的冷清感到忧伤，但他对神仙之术还是将信将疑。因为宋代人已经把儒、道、佛的作用分得很清楚：儒家养身，道家养生，佛教养心。正因为如此，他在诗的结尾才说："闻道神仙亦相过，只疑田叟是庚桑。""闻道神仙亦相过"，这是诗人在游览过程中听人说的，斫以他说"闻道"。"神仙亦相过"，意思是神仙有时候也光临楼观。这就使得楼观又充满了神秘色彩。正因为神秘，所以苏轼说：说不定那些在田野劳动的农夫中间就有庚桑子。只不过他不显山露水罢了！ 庚桑，即庚桑楚。他是老子的佣人，跟随老子多年，深得老子的道术。从唐到宋，文人们只要一写到农村或农民，都会流露出一种对田野生活的向往。唐代诗人王维在《渭川田家》的结尾写道："即此羡闲逸、怅然吟式微。"苏轼却不那么直白地表达自己的这种情感意向，而是说楼观周围的农夫甚或都精通老子学说。这很切合他的诗题《楼观》，比空发一通向往田野情趣的议论要好。更重要的是，诗人通过这种表达方式旨在说明老子在民间的深厚影响。

第二首名为《自清平镇游楼观五郡大秦延生仙游往返回日得》，是这样写的："鸟噪猿呼昼闭门，寂寥谁识古皇尊？青牛久已辞辕轭，白鹤时来访子孙。山近朔风吹积雪，天寒落日淡孤村。道人应怪游人众，汲尽阶前井水浑。"

这首诗是苏轼到凤翔府上任后的第二年，即1062年二月写的。从诗的表现手法看，完全是纪实性的。他到楼观的时候，正是乍暖还寒的春天。呼啸的山风，卷起满山的积雪，楼观四周冷冷清清，鸟儿叽叽喳喳，满山的猴子乱叫，大白天，楼观却是大门紧闭。这是楼观给苏轼的第一印象。看到这景象，他不由得发出感叹：老子曾经被李唐王朝尊为"太上玄元皇帝"，没想到他曾经讲经的楼观圣地现在竟然变得如此寂寥冷落！"谁识古皇尊"，表面上看是一个很平常的反问句，实际

上它反映了一个辉煌文化时代的终结。"青牛久已辞辕轭，白鹤时来访子孙。山近朔风吹积雪，天寒落日淡孤村。"这四句先回顾老子骑牛入函谷关，再写老子仙逝后的千百年来这里依旧是白鹤翩翩。青牛自然指老子的坐骑，而白鹤则和道教"松鹤延年"的追求有关。北风吹雪，落日暗淡，进一步描写楼观的冷清。结尾两句，归到楼观本身："道人应怪游人众，汲尽阶前井水浑。"楼观尽管冷清，但游人还是络绎不绝。据说楼观山门前水井中的水能祛除百病，所以，游人纷纷自己汲水喝，结果井水都被搅浑了，楼观中的道士很生气。这两句诗意在说明到楼观游览的人还是比较多。但是，清代大才子纪晓岚却解释说：结尾一联回应诗的起句"鸟噪猿呼昼闭门"。他说：游人太多，把水都搅浑了。所以，道士就把大门关上，不让游人到里面参观。这不仅牵强，而且也不符合道家的教义。可见，才子有时比庸人还糊涂。

宋太宗为什么要修上清太平宫

赵宋王朝对老子是不大感兴趣的。他们更看好"一周二程"①所倡导的新儒学——理学，其实，理学恰恰是借用了道家的思维模式。

宋朝的第二个皇帝宋太宗对终南山这座文化名山还是心驰神往的。即位之初，他派起居舍人王龟从负责在户县城南的终南山北麓的山谷中给他修建一座行宫。还没开工时，有天夜里，宋太宗突然做了一个梦，梦见太上真君对他说：那个地方是留给天帝修

宋太宗

----

① 即周敦颐、程颢、程颐。

建宫阙用的，你怎么能在那里给自己修行宫呢？宋太宗惊醒后，马上改变计划，在楼观附近的终南山北麓修建了"上清太平宫"，并亲自题写了匾额。今天的太平峪的取名恐怕与上清太平宫有关。

苏轼在终南山修道

苏轼是儒、道、佛禅兼修的文化巨子。他在文化思想上并不匿于一家。在凤翔的三年，也是他深入了解道家和道教的三年。在公务之余，他挤出时间到上清太平宫去读道家的典籍，这对他后来博采众家之长、形成自己独特的文化人格奠定了深厚的基础。而他接触佛禅，则是在十多年之后他被贬为黄州团练副使时。据他的弟弟苏辙给他写的墓志铭，他接触佛教是在到黄州后，"读释氏书。深悟实相。参之孔老，博辨无碍，浩然不见其涯也"。初入仕途，苏轼对佛教还有一定成见，他认为：佛教的清规戒律是"愚夫"给"达者设计"的"荒唐之说"，聪明人和达者是不会信奉佛教的。

北宋的知识分子步入仕途的几率很大，录取的进士人数很多，每年录取近五百名。而唐王朝每年最多录取三十几名进士，正因如此，我们在宋代几乎看不到像杜甫那样长期困守科场的知识分子。因而，北宋知识分子的物质生活几乎不存在什么问题。王安石曾经叹息杜甫"饿走半九州"，说明北宋的文人很少有饿肚子的现象。所以，北宋文人更多地喜欢在精神层面上提升自己品味。道家学说中的庄子，过于张扬自我，而老子倒显得心气平和。正因如此，苏轼后来被贬到黄州后，能够接受佛禅，就是因为他在老子和佛禅之间找到了契合点。这和他当年在楼观附近的上清太平宫里潜心研读道藏有很直接的关系。

道家使苏轼的个性发生了深刻变化。而佛禅使其"深悟实相"，也就是说它看穿了实境与虚境之间的关系。实境是可观的、可见的；而

"相"则是经过理性思辨之后悟出的另一种超现实的境界。在虚实之间，苏轼又参以儒学和老子思想，这就形成了他刚、柔、远、近、喜、怒、顺、逆之情相互融合的文化人格。我们在宋代，尤其是在北宋很少能看到像李白那样狂放不羁、像杜甫那样慷慨沉着的知识分子，其原因就在于理学对文人精神境界的渗透，使他们变得比较温文尔雅。而苏轼恰恰能把握自己在文化精神上的自由取舍，从而没有受到理学的束缚。

苏轼在太平宫还住了一段时间。在读了道家的一些典籍后，写了一首《读道藏》，其中有几句，可以看做是他的至悟之言："至人悟一言，道集由中虚。心闲反自照，皎皎如芙蕖"。《庄子·人间世》说："惟道集虚。"虚，就是心斋，即专心致志，排除一切欲望。在苏轼看来，一个人要是能够经常地反观自我，那么，这个人的心灵就像出污泥而不染的莲花。从认知论上看，他是把道家思想融合到了理学中。所以，他在诗中所说的"谁识古皇尊"是感慨"世人不识古皇尊"，言外之意，他对老子还是充满了敬意，对道家圣地今日如此荒凉他也深感惋惜。

楼观附近的玉真公主祠、仙游寺以及仙游寺附近的仙游潭、大秦寺、中兴寺等都留下了苏轼的足迹，并且留下了一百多首诗。

比如《留题仙游潭中兴寺》："清潭百尺皎无泥，山木阴阴谷鸟啼。蜀客曾游明月峡，秦人今在武陵溪。独攀书室窥岩窦，还访仙姝款石闺①。犹有爱山心未至，不将双脚踏飞梯。"

这是纪游诗，却充满了世外仙境的美感。尤其是"蜀客曾游明月峡，秦人今在武陵溪"一联，更是把楼观一带的自然风光写得如真似幻，令人神往。蜀客，当然是作者自称。他当年出川时，曾顺道游览过明月峡，因为明月峡就在长江边上。如今，当他游览仙游潭、看到周围的美景时，竟然产生了疑问：这里的景色竟然和陶渊明笔下的武陵风光一

----

①石闺指玉女洞门。

样。武陵溪本来就是一个虚幻的所在，苏轼用它来形容仙游潭，足见这里的自然风光不仅引人入胜，而且充满了神奇虚幻的色彩。为什么这样说呢？因为仙游潭不远处就是著名的仙游寺，那里曾经发生过萧史和弄玉双双乘鹤升仙的故事。书室，指仙游潭不远处汉代马融读书的石洞。诗人一路走，一路浏览，不觉又到了弄玉当年修道的石洞，止不住推开石门进入洞中。这就从虚幻的武陵山水进入眼前实实在在的玉女洞，从陶渊明的乌托邦式的幻想回归到道家的羽化成仙。这里有一个小故事，可以看出苏轼办事很细心。玉女洞中有一泓泉水，清澈凛冽。苏轼爱喝茶，就装了两瓶带回去煮茶喝。他想：我以后还想取这里的水煮茶，要是派来取水的人嫌路途遥远，怕麻烦，在半道上随便给我装几瓶水糊弄我，怎么办？他灵机一动，找了几根竹子，劈开，写上字，交给中兴寺的和尚。每次取水时，经和尚验证，给取水人一根竹片作为凭证。苏轼把这竹片戏称为"调水符"。

在《授经台》一诗中，苏轼改变了纪行式的表现手法，月书坛和乐坛上两个广为人知的故事说明老子的学说对人的灵魂的净化作用。先说第一句："剑舞有神通草圣"。书法不是一种随意涂鸦的雕虫小技，而是要求书写者具有难以言传的悟性。草圣，就是盛唐时期著名书法家张旭。有一次，他在长安大街上看到一件事：有个挑夫挑着一担行李在大街上走，这时一个公主坐着车迎面而来，结果就发生了互相争道的事。张旭在旁边看了，深受启发，对朋友说：看见公主和挑夫争道，得笔法之意。后来，他又观看了公孙大娘的剑器浑脱舞，领会了草书之神。所谓"剑舞有神"，就是说舞动的剑像游龙一样在空中翻腾，但它凝聚着舞剑人的神与气，这就是我们常说的神完气足。至于从挑夫与公主争道中体会出的行笔之意，是说草书在行笔过程中的虚笔与实笔。这两件事对张旭的启发使得他被当时的书坛推为草圣。直到现在，人们常常用"龙飞凤舞"形容草书，恐怕与此有关。苏轼用这两个故事意在说明对

老子的学说重在领悟。

没有悟性，你就是把《道德经》能倒背如流，也没有用。接下来苏轼写道"海山无事化琴工"，这一句讲伯牙学琴的故事。《水仙操》里有这样一个故事：伯牙跟着成连先生学琴。学了三年，毫无长进。成连对伯牙说：你别跟我学了。我把你介绍给我的老师方子春吧，你去跟他学。成连带着伯牙乘船到了东海中的蓬莱仙山。方子春对伯牙说：你就留在这里学习吧，我要去迎接我的老师。说完，就划着船和成连消失在大海中。伯牙四处张望，连个人影都没有，只听见汹涌澎湃的大海波涛之声在耳边回响，又听见周围山林中群鸟悲鸣。伯牙便拿出琴，弹了起来。当周围归于寂静时，伯牙的曲子也弹完了。这时，成连划着船回来了，对伯牙说：你的琴艺已经妙绝天下。伯牙的琴艺之所以能妙绝天下，就是因为他从天籁之音中获取了奇妙的灵感。苏轼在两句诗中写了这两个故事，其实他说的是一个道理：人要想掌握一门技艺就必须要有悟性。学习老子的学说也一样，要有悟性。正因为如此，苏轼在诗的后两句才说："此台一览秦川小，不待传经意已空。" 这种大彻大悟和他精心研习道藏是分不开的。看似平常的四句诗，其中蕴含了诗人难以言传的悟性。当他参透人生的时候，他才对自己的弟弟苏辙说："人生百年寄鬓须，富贵何啻蒭中菦？"[①]

诗化的延生观

授经台南面的延生观是苏轼特别留恋的地方，因为它是玉真公主研习长生之道的所在，"延生观"三个字还是宋太宗亲笔题写的。苏轼游览之后，写了《留题延生观后山上小堂》："溪山愈好意无厌，上到第几尖？深谷野禽毛羽怪，上方仙子鬓眉纤。

---

①见《将王终南和子由见寄》。

不惭弄玉骑丹凤，应逐嫦娥驾老蟾。涧草岩花自无主，晚来蝴蝶入疏帘。"这首诗着重描写了延生观及其周围的风光。首联只是总写这里的溪山引人入胜，百看不厌。接下来写延生观周围山谷中的禽鸟毛色怪异，难得一见。而"上方仙子鬓眉纤"是对延生观后面山上小堂中供奉的玉真公主塑像的描绘。不

延生观

管是追求长生，还是希望延生，都是人们的美好愿望，玉真公主也不例外。对此，苏轼却用安慰的口气说：你没有像弄玉那样骑丹凤升仙，这也没什么遗憾的，你可以驾着老蟾到月宫中去寻找嫦娥。苏轼对神仙的态度是比较矛盾的。他一方面向往神仙，另一方面又清楚那只能是无法实现的幻想。不过，在楼观期间，他没有这样说。多年以后，当他在黄州写《前赤壁赋》的时候，也还在幻想自己能够乘风羽化，脱离喧嚣的尘世："少焉，月出于东山之上，徘徊于斗牛之间。白露横江，水光接天。纵一苇之所如，凌万顷之茫然。浩浩乎如凭虚御风，而不知其所止；飘飘乎如遗世独立，羽化而登仙。"这种精神上的遨游，正是苏轼道家人格的体现。在社会人格中，他还是很冷静、很现实的，不像李白那样一味地狂纵。这就是他为什么要对玉真公主说：不能骑凤成仙，那么，骑着老蛤蟆到月宫去拜访嫦娥也未尝不可！

楼观及其周围山峦溪涧是道家仙道故事的发源地。其肇始者就是一对年轻的恋人萧史和弄玉。而以他们的故事为基础演绎出来的仙游寺、仙游潭、玉女洞等文化遗迹，也是苏轼多次游览的地方。比如《仙游潭》："翠壁下无路，何年雷雨穿。光摇岩上寺，深到影中天。我欲燃

37

犀看，龙应抱宝眠。谁能孤石上，危坐试僧禅。"《玉女洞》："洞里吹箫子，终年守独幽。石泉为晓镜，山月当帘钩。岁晚杉枫尽，人归雾雨愁。送迎应鄙陋，谁继楚臣讴。"都以纪实的手法描写了楼观周围的水光山色。在咏楼观的诗人中，苏轼是很值得重视的一位。

正因为楼观以及终南山是中国道家文化的发源地，才引得文人墨客吟咏不已。

中唐以后：渐趋寂静的楼观

中唐诗人韩翃的《同题仙游观》已经明显地带有唐王朝从"安史之乱"的大难中死里逃生后的伤感："仙台下见五城楼，风物凄凄宿雨收。山色遥连秦树晚，砧声近报汉宫秋。疏松影落空坛静，细草香开小洞幽。何用别寻方外去，人间亦自有丹邱。"诗的题目是"同题仙游观"，实际说的就是仙游寺。他只不过是从道家的角度出发，从升仙台写起。他说：从这里可以清清楚楚地看见长安城。然而，所见的长安城并不是他认为的辉煌壮丽的景象，恰恰相反，站在升仙台，看到的是满眼凄凉的秋色和黄昏时节烟树迷离的苍茫景象。这一切，不由得使人产生了遁迹方外的念头。不过，要想做个方外人，用不着到远处去，眼前的楼观就是最好的归宿。

在数以千计的诗篇中，晚唐诗人张乔的《终南山》在揭示终南山的文化底蕴诗中很有代表性："带雪复衔春，横天占半秦。势奇看不定，景变写难真。洞远皆通岳，川多更有神。白云幽绝处，自古属樵人。"

元代是道家的黄金时代。以楼观为中心，王重阳、丘处机都在这里留下了他们的足迹和诗词。

丘处机是一位令成吉思汗肃然起敬的人物。起初，他拜咸阳人王喆[①]为师，长期住在姜子牙钓鱼的磻溪。丘虽然精于道机，但对人类社

---

① 即重阳子、当时在距离楼观不远的蒋村修道。

会的盛衰更替却大不以为然，甚至有了尘世虚无的感叹！他有一首《水龙吟》是这样写的："算来浮士忙忙，竞争嗜欲闲烦恼。六朝五霸，三分七国，东征西讨。武略今何在？空凄怆，野花芳草。叹深谋远虑，雄心壮志，无光彩，尽灰槁。历遍长安古道，问郊墟，百年遗老。唐朝汉市，秦宫周苑，明明见告。故址留连，故人消散，莫通音耗。念朝生暮死，天长地久，是谁能保？"在这首词中，他所叹息的，王是人生渺小，世事莫测。

还有一位佚失了姓名的元朝文人，他填了一首《沁园春》："自古神仙，隐迹终南，万代流传。说经台上，针活枯柏，炼丹炉下，化女石泉。四皓商山，十老古洞，尹喜亲闻道德篇。结庵处，有青牛系柏，白鹿升天。翊圣古迹依然，雪样三朝画得全。有元真文涧，松阴一梦，钟离悟道，跨鹤金仙。二祖披毡，甘河引度，传授重阳七朵莲。全真教，洞天福地，象帝之先。"这首词，对以楼观为中心的道家、道教以及后来出现的道教全真派做了诗化的描写。诗人感受到道家在元代的重新崛起。

而明代"前七子"的领军人物何景明的《说经台》则对楼观在中国道家文化的中心地位作了精辟的赞颂："西海何年去？南山万古存。风云留福地，星斗上天门。有欲谁观妙，无为自觉尊。青牛不复返，空诵五千言。"何景明的这首诗可以说是对楼观道家文化的彻悟。据说老子在楼观传授"五千言"之后，便离开楼观西游，不知所终。于是便有了老子以《道德经》化胡的故事广泛流传。其实，说到底，即便是老子不以其学说感化汉族以外的其他民族，他的学说本身在人类文化史上已经具有认知上的共通性。老子走了，但终南山却屹立万古，永不摧颓。所谓"南山万古存"，其实就是老子的学说万古流传。而楼观也就成为人间福地，通天之门。但要领会老子学说的精髓妙谛，就必须去掉一切私欲，只有这样在能到达"无为无不为"的至尊境界。

明朝的朱应登，江苏宝应人，做过陕西提学副使，相当于省教育厅

副厅长。他有一首《秋日登老子说经台。台下有《道德经》石刻并手植柏在焉。感而赋此》："伯阳仙去有高台，紫气销沉望不回。楼观俯瞰秋色里，函关背指暮云隈。岩前种柏飘园润，石上翻经暗古苔。问礼谁争宣父长？惭予千载偶能来。"

在楼观文化中，和楼观近在咫尺的人反而对此熟视无睹。其中有两个人很值得注意。一个是武功人康海，一个是户县人王九思。他俩是明朝前期文坛上倡导复古的"前七子"中的领军人物。作为诗人，他们应酬、唱和的诗很多，唯独写长安古迹和文化遗址的诗少得可怜。按理说，他俩在仕途上都遭受了巨大挫折。康海是弘治十五年的状元，名满天下。宦官刘瑾倒台后，他被视为瑾党①而免官。王九思也被视为瑾党，从吏部郎中贬为寿州同知，后愤然弃官回乡。从他们的遭遇看，应该对老子的思想更为认同。遗憾的是在他们的诗文中，几乎看不出他们对老子的接受，也没有吟咏楼观的诗篇。倒是那些从外地来陕西做官的人对长安这块文化热土、尤其是道家文化特别感兴趣。

明朝有一个叫马文升的，他是湖北人，官至吏部尚书。年轻时，他曾西游长安，在游楼观时，写了一首《说经台系牛柏》："尘海仙家第一宫，峥嵘殿台诧秦工。五千道德言犹在，百二山河势自雄。炼药炉寒虚夜月，系牛柏老动秋风。穿碑屹立夕阳外，夜夜龙光贯彩虹。"

马文升的这首诗可以说是在写楼观的诗中对老子及其学说评价最高的。他把楼观称为"茫茫尘海中的仙家第一宫"，就是说：老子的学说是可以让人摆脱茫茫尘世的仙家之言。接着，作者赞叹楼观的建筑也是三秦大地上令人叹为观止的杰作！五六百年过去了，当我们今天徜徉于楼观古建筑残留的遗址时，仅就其石刻、木雕而言，也是卓绝千古。长安文化的卓绝之处也正在于它源远流长的悠久历史和人文化成的功绩。这就是诗中所说的"五千道德言犹在，百二山河势自雄"。用诗的形式

----

①刘瑾，陕西兴平人。

评价老子学说毕竟篇幅有限，所以，在接下来的四句中，作者选取了几个典型加以概括，那就是"炼药炉""系牛柏""穿碑"。系牛柏，自然是指老子在楼观落脚时拴牛的那棵柏树。有一个现象人们可能很少注意，那就是老子的坐骑"牛"。半个多世纪前，关中有不少道观中有老子骑牛的画像。那牛都是关中常见的黄牛。可是，在函谷关以东的道观中那画像上的牛是水牛。不要忽略这个细节，它可以告诉我们一个信

楼观老子像

息：老子是南方人，因为只有江淮以南才有水牛。关于老子的籍贯，有人说是今河南鹿邑人，有人说是安徽涡阳人。从地域环境上看，河南基本不养水牛，而地处淮词流域的安徽涡阳就有水牛。老子入关确实骑的是水牛，但他不可能从河南赶到安徽去买头水牛再骑着向西入关。他只能是在涡阳就地取材骑一头水牛出发，所以，老子应该是涡阳人。而诗中所说的"炼药炉"已经是道教传说中的太上老君炼丹炉了，它和作为思想家的老子没有关系。"炼药炉寒虚夜月，系牛柏老动秋风"这两句诗从艺术表现手法上看，完全是模仿杜甫《秋兴八首》诗中写昆明池景象的那一联名句："织女机丝虚夜月，石鲸鳞甲动秋风。"意在表现今日的楼观虽然荒破，但还是显示出一种历史的深沉。和杜诗相比较，只是显得气势弱了一些。

　　作为哲学思想的道家文化在清朝的命运应该说是江河日下。在整个清代诗歌中，写到道家文化圣地楼观的诗不到十首。在地域文化中，楼观已经成为一个被遗忘的文化角落，而且，作为文化思想家的老子已

经被宗教偶像所代替。乾隆时做过紫阳知县的张琛对此深有感慨，他的《授经台》诗说："五千道德列行行，绝少求仙秘密方。老子真经君不读，却将符咒乱门墙。"诗很通俗：《道德经》五千言写得清清楚楚，根本没有求仙成神的秘方。可是，现在有些人自称道家子弟，却用画符、念咒之类的旁门左道迷惑世人。张琛虽然是在写诗，但是，在短短二十八个字中，流露出他对一些人歪曲老子思想的愤慨和不满。

和张琛感受相似的还有一个名叫杨树椿的朝邑人，他有一首题为"楼观"的诗："云台旧著希夷迹，楼台犹存令尹名。太华终南千载下，都教老氏托长生。"这首是把华山和终南山的楼观结合起来说。华山有著名的云台观，是唐末宋初著名道士陈抟老祖修炼的地方，而楼观也因令尹而驰名千载。遗憾的是，人们现在基本上不遵循老子在道德经中所指引的修身养性的正路，而是都把追求长生作为人生目标，这完全违背了老子学说的基本思想。

说经台

在清代有限的几首关于楼观的诗中，清末民初的三原人贺瑞麟有一首《游楼观台归，寄谢寰中、云衢二道士二首》，第二首是这样的："道人却肯读儒书①，天命何曾内外殊。试问平时存养处②，显微体用定何如？"这两首诗写于光绪年间，是楼观最为不景气的时候。诗中给我们提供了两个道士的名字，一个名叫寰中，一个名叫云衢。诗没有什么突出的地方，不过，它却让我们看到了两个学者型的道士。他们的案头也就是书桌上摆放着朱子书——著名理学家朱熹的著作，他们修行功课的地方取名"存养"斋，也就是养性存真。所谓"天命何曾内外殊"，是说"天命"对人来说，没有内外之分。信天命者和不相信天命者都是一样的。因为"人法地，地法天，天法道，道法自然"，这是老子思想的精髓，也是作者对老子学说的深切体验。

一种学说，或者一种思想，在它的历程中，有初创，发展，高潮，衰变，消亡或重新崛起。而这个过程和人们对这一学说的认同程度密切相关。这一点，我们可以从关于楼观的诗歌的发展过程明显地感受到。

----

①原注道士案头有朱子书。
②原注道士轩名存养。

贰

汉唐文人的道家情结

董仲舒

董仲舒的一厢情愿

从思想家的老子到李唐王朝的先祖太上玄元皇帝，老子成为不少封建帝王的精神支柱，汉武帝和唐玄宗是最具有代表性的两位皇帝。在他们的影响下，汉、唐文人对道家的体认和接受甚至超过了儒家，最起码在汉唐文人的精神层面上是如此。

多少年来，学术界一直流行一种说法：汉武帝罢黜百家，独尊儒术。只要认真翻阅一下历史文献，就可以发现：所谓"罢黜百家，独尊儒术"，是董仲舒在汉武帝建元末年"对策"时提出来的。他建议："六艺之外，皆绝其道。"如何绝其道？那就是"罢黜百家，独尊儒术"。

　　董仲舒这个人，正史上几乎把他说成是一个"完美的儒者"。他为了钻研孔孟的儒学，"下帷讲席"，"三年不窥园"。他把自己的讲席用帷幕围起来，隔绝和外界的一切接触，实际上是在闭门造车。这种人，和书呆子没有什么区别。他所钻研出来的学说无非是"天人相与"①"君权天授"以及"三纲五常"。并且，在"君权天授"思想的基础上，他还提出了一个和道家思想截然相反的命题："天不变，道亦不变"，将皇权神圣化。按说，这样的理论对皇帝来说是求之不得的。但是，汉武帝并没有全盘采纳董仲舒的意见。为了不驳他的面子，就让他去给江都王做助手，后来又转为胶西王相。十年后，连这个职务都免了。董仲舒只好回到长安，住在茂陵。因为当时只有显贵才能在茂陵居住，算是给了他一个比较圆满的结局。总之，在朝廷里始终没有给董仲舒安排一官半职。这说明，在汉武帝看来，朝廷不需要董仲舒这样的人。董仲舒有个观点："为政而任刑，不顺于天。"以刑名法治治理国家，那是违背天意的。但是，汉武帝根本把这没当一回事。后来发生的"李陵事件"就说明汉武帝根本没有接受董仲舒的意见。汉武帝天汉二年，李陵奉命驰援贰师将军李广利，结果陷入重围，矢尽援绝，被俘后降匈奴。汉武帝大怒，下诏诛灭李陵家族。司马迁认为：李陵对国家贡献很大，建议武帝对李陵将功折罪。汉武帝不仅杀了李陵家族，而且对司马迁处以宫刑。汉武帝的这种做法，以及他对神仙以及道家长生方术的痴迷，说明他是一位唯我独尊的帝王。至于"罢黜百家，独尊儒术"，那只是董仲舒的一厢情愿罢了。

庄子沾了老子的光

　　不过，汉儒已经不同于先秦儒。汉儒把"天"人格化，人要是做了

----

①即后来有些人说的"天人感应说"。

坏事，天会显示一些迹象，以警告那些干坏事的人。但是，这个理论的实质是把皇权神圣化，至于人干了坏事，天会发出警告，在现实生活中并没有人们想象的那样应验。所以，司马迁在撰写《史记》时就要探讨"究天人之际"。

历史进入唐代，老庄学说的代表人物之一老子被李唐王朝奉为远祖，致使老庄学说的地位一下子被提到了空前的高度。开元时，把《老子》作为科举考试中的必考科目。老庄并提，实际上是统治者遵奉老子，而文人则是向往庄子所倡导的人生境界，并因此而影响了唐代诗歌的艺术精神。所以，庄子是沾了老子的光。到了天宝元年，庄子才被封为"南华真人"，《庄子》一书也被奉为《南华真经》。

在中国古代文化中，老庄学说与儒、释虽然鼎足而立，但在中国盛世文化思想中，儒、释两家只能望老子之项背而兴叹。即便是以奉儒自居的人，也不免受到老子的深刻影响。像唐代的大诗人杜甫，为了求官，四处奔波，却处处受阻。于是气愤地说："自断此生休问天，杜曲幸有桑麻田。短衣匹马随李广，看射猛虎过残年。"①甚至觉得，仅仅去隐居还不够，还应该学道："未试囊中餐玉法，明日且入蓝田山"。②学儒几乎断送了一生，就从学道中获得解脱，这是汉唐文人的通病。因为，儒家太死板，不够变通；释家过于静寂，抑制了人性中欲望的灵魂；唯独道家去欲无为，少了许多烦恼。

于是，有人就说：要想治国入世，就应该好好读读《老子》；要想逍遥自由，就去读《庄子》；要想养家糊口，最少也应该读完半部《论语》，因为民间有"半部《论语》治天下"的说法。事情虽然不是如此绝对，但其中也有其合理性。

纵观历史，我们可以看出，每一个封建王朝在建立之初、人心思定

---

①见《曲江三章章五句》。
②见《去矣行》。

之时，大都奉行"内用黄老，外示儒术"的治国方略。"黄老之学"中"无为而治"的思想，以及由此引发出的"与民休息"的治国策略，被一代代统治者所沿用，从而实现了一次次的乱后之治。"黄老之学"，就是中国传统的道家思想的另一种说法。中国古代受黄老思想或者道家思想影响的帝王不少。尤其是汉唐时代，其盛世都是和帝王崇尚道家学说分不开的，所以，老子和道家对中国盛世文化有着不可估量的影响。

道家、道教与汉代文化

从以长安为国都的西汉到以洛阳为国都的东汉，除去中间那个短命的王莽新朝，共计四百零九年。这是我国历史上封建王朝发展的起步阶段。而唐王朝从建国到灭亡，有二百八十九年。汉唐合在一起，将近七百年，占了中国封建社会三分之一的岁月。

也正是在这近七百年的岁月中，道家思想在与其他学派的较量过程中不断发展和变异：从黄老之治到儒士们鼓吹儒术独尊，黄老之学转而与神仙家快速融合，连带着还兴起了一个神秘的谶纬之学；东汉中后期思想界的一统局面崩溃，经学走进了死胡同，"黄老之学"被人为地演变为"黄老之道"。而道教哲学也就在这种曲折进程中在东汉中后期产生了。它的思想来源是综合发展了先秦各派学术的汉代新道家和新儒家，即黄老道家和神学化儒学，还有一个汉代兴起的阴阳五行学。

"黄老之学"是三晋、荆楚、燕齐三大文化圈融合而成的产物。三晋文化的刑名法术，荆楚文化的道家思潮，燕齐文化的神仙方术和阴阳五行相结合而产生出了黄老道家。战国中后期，当南方楚文化的产物——道家思想传到北方，与燕齐、三晋文化融汇，便逐渐形成黄老道家，活跃于齐地，并以宋尹学派为代表。秦汉之际，黄老学有了新发展，其代表作为《吕氏春秋》，到西汉初则是《淮南子》，这是黄老学的第二个时期。在这个阶段,《吕氏春秋》以黄老学为中心,兼采儒、墨、名、法、阴阳诸家,开创了新学风。《淮南子》则对《吕览》以来的黄老思想成果作了比较全面的总结。后来,《吕览》与《淮南子》的许多思想被早期道教哲学纳入。尤其是淮南子向世人宣传这样的思想:"去尘埃之间,离群物之纷,可谓养生矣。"人们都想追求养生,可是,有人就不懂得如何养生。淮南子就教给人们一个最简单的方法,那就是摆脱世俗的束缚。尽管他希望人们摆脱世俗的束缚,以达到养生的目的,但是他却反对隐逸。《招隐士》①就是他的代表作。在这篇文章中,作者把山中的景物写得非常阴森恐怖,目的就是希望隐居在山中的先人趁早离开山林,回归社会。也难怪他有反对隐逸的思想,因为他是刘邦的孙子,贤人志士都去隐居了,谁来为刘汉王朝服务?

汉武帝以后,虽然以董仲舒为首的儒生要求儒术独尊,但"黄老之学"仍作为一股较强大的社会思潮融入社会生活的各个方面。从哲学上说,道家沿两条相反的路线、三种不同的途径分化和发展:一条路线和途径是保持《吕览》与《淮南子》的唯物传统,并向前推进其思想,以王充《论衡》的部分内容和河上公《老子注》为代表。另一条路线有两种途径,一是解说老子,把道家思想向唯心方面引申发挥,以严遵《老子指归》为代表;二是把道家思想宗教化、神学化,逐渐形成早期的道教理论,以《太平经》和《老子想尔注》为代表。在这些演变中,道家思想的神学化是主要倾向,其结果是道教和道教哲学的产生。

这种变化在诗歌中也有所反映。以晋代郭璞为代表的游仙诗是诗歌领域中文人第二次幻想到仙界旅游。第一次是屈原。

郭璞的游仙诗共有十四首,而《昭明文选》竟选了七首。姑且不论其艺术成就之高下,仅就入选数量而言,已经足以说明在玄学兴起的魏晋时代,道家思想所受到的重视。在这些诗中,郭璞用隐逸来否定人间

---

① 《招隐士》作者有两种说法:一说为淮南小山,另说为列安本人。

的荣华富贵。他说："朱门何足荣，未若托蓬莱。"这和老子蔑视富贵的思想完全一致。追求人间的富贵远不如在海上仙山的长生不灭。在富贵面前，要像庄子回绝楚威王的使者那样有傲骨，要高蹈风尘之外，做一个"放情陵霄外"的自由人。这和孔子的思想是截然相反的。

孔子的学生子贡曾问他："您怎样评价伯夷、叔齐？"孔子说："他俩是古代的贤人。"子贡又问："他俩心里可能有些怨气吧？"孔子有点不耐烦了，说："求仁得仁，有啥埋怨的！您也别问了，我和他俩不一样，无所谓隐居不隐居。"孔子是个一心要入世的人，所以他对于隐逸是持保留态度的，不到万不得已，他是不会"乘桴浮于海"的。

郭璞的游仙思想建立在隐逸的处世行为基础上，所以，在他的游仙诗中，我们能深切地感受到他那"道法自然"的人格境界。

与郭璞同时代的左思和陆机面对当时的社会现实，极力号召人们离开这纷乱污秽的社会，到山水林泉中去寻求人生的真谛。用左思的诗句说，就是："丘中有鸣琴"、"山水有清音"①。这是道家任运自然情趣的形象体现。

魏晋时期，儒学急剧衰退，而老庄之学又被玄学化。王弼注《老子》、向秀和郭象注《庄子》都是在这个时期完成的。王弼、向秀、郭象对老庄思想的传播做出了杰出贡献。面对儒学式微的局面，玄学家们的清谈中融入了儒家思想。也就是说，儒学寄生在被玄学化了的老庄学说中，歪曲老子思想中的"自然说"，认为封建秩序就是天理的自然。儒学已经衰微到借助于老庄来传播的地步。

贾谊、扬雄、司马迁的道家情结

汉初统治者吸取秦朝灭亡的教训在于严刑峻法，所以，在江山初定

----

①见《招隐》。

司马迁祠墓

之时就开始奉行黄老之术，实行"与民休息"的治国方针。时间不长，生产力就得到了恢复，基本上实现了大乱之后的大治。

儒家对统治者所提出的"仁政""爱人"等要求实在是出于一种美好的理想，在现实生活中几乎是行不通的。于是，许多文人从质疑儒家开始，进而转为倾向于道家。

西汉的陆贾、贾谊和司马迁等人先后提出过道家"无为而治"的政治理念。这一时期道家思想逐渐取代了法家思想，成为西汉前期主导的治国理念。文人所受道家影响主要在哲学、政治方面。就人生观而言，这些人还基本上是以儒家为主。但是，随着中央集权制的加强，道家所倡导的"无为而治"的理念与中央集权制之间发生冲突，道家思想失去了权力的话语，这反而促成了道家思想摆脱作为"人君南面之术"的理论束缚，走向比较自由的发展空间。随着道家人生观在文人中的影响越来越大，文人渐渐趋向于儒、道双修，融礼教于自然。

53

到了东汉晚期，随着道家思想的再度盛行，文人们又开始背离儒家，皈依道家，并进而以道家思想批判儒家礼教。因此，从总体上说来，两汉文人的人生之路愈来愈深地受到道家思想的影响。尤其是贾谊，在这方面很具有代表性。

据《史记·日者列传》记载，贾谊曾经和宋忠到司马季主那里去占卜。卜者用老庄的道理来对抗他们两人所宣扬的儒家主张。贾、宋二人"卒不能出气"。司马迁花大量的笔墨来记载这件事情，一方面表现了司马迁对老庄思想的折服；另一方面，从故事最后宋忠见贾谊的一段话当中我们也可感知此事对贾谊的震动，以至于贾谊在仕途受挫时，恰逢鹏鸟入室，便写了有名的《鹏鸟赋》，向道家思想寻求解脱。其中的词句鲜明地表明了作者对道家思想的领受，追求一种"至人遗物"、"独与道俱"的人生境界。在人世间，唯有"天不可预虑"，"道不可预谋"，这是永无休止的万物变化的规律。

《史记·屈原贾生列传》也说，贾谊被贬为长沙王太傅。有一只鸮飞进来，落在他的坐榻边。楚人把鸮称作鹏。所谓"鹏鸟"，就是我们今天所说的猫头鹰，古人认为它是不祥之鸟。所以，贾生自以为自己活不了多久了，很伤心，于是借《鹏鸟赋》发散心中的忧伤。

在这篇赋中，贾谊用鹏鸟的对答阐释自己的观点时，涉及到几部道家著作对于福祸、吉凶的看法。世间万物总是处于不断变化中，吉与凶、祸与福也总是互相转化。他还举例说：夫差国强而败，勾践势弱而称霸；李斯游说成功而最后身遭五刑等等。贾谊在他急起急落的仕途生涯中尝

贾谊祠

到了大喜大悲的滋味。在困顿之中，他产生了一种无力感，"命不可说兮，孰知其极"，"天不可预虑兮，道不可预谋"。他认为、人对于这个世界是无力把握的，既然天道深远精妙、无从探究，还不如顺应万物的变化，或者走向另一种超越，在齐同万物、泯灭生死之中获得暂时的逍遥自得。贾谊在此赋中阐明了人生的道理：福祸生死，实为小事，不足以疑惑忧虑。福祸相倚，利害相形，人如果能修养至至高境界，那么就会使自己的精神与宇宙合而为一，超然于万物之外。这篇赋集中阐述了贾谊的生死观与祸福观，而其中不难看出道家思想的印迹。

司马迁的遭遇比贾谊更悲惨。也正是这种悲惨的人生遭遇使我们在他的《悲士不遇赋》中看到了道家思想的很多闪光点。比如：贪生怕死，是最让人瞧不起的；贪婪富贵，鄙弃贫贱，就失去了最起码的道德；所以，人应该能够看透世上的一切，做一个最为豁达的人，做一个朝闻道而夕死的人，又有什么错？说了那么多，其用意就在于抒发"士生之不辰，愧顾影而独存"的悲愤心情，揭示了悲剧的社会根源在于人世的倾夺和道德的堕落。司马迁从道家那里吸收了齐同生死、贵贱的思想，最终归向于道家的委任自然。同时，司马迁在《史记》里称引老庄的地方也不在少数。

在汉代文人中，扬雄的人生尤其特殊。他亲身经历了西汉后期的社会动乱以及短暂的王莽新朝。他所处的时代是汉王朝走向没落以及王莽篡权的动乱岁月。西汉末期恰好是道家的影响逐渐上扬之时。扬雄的心态不可避免地受到时代形势及风气的影响，他曾经把他的老乡严君平奉为老师。而严君平以道家精神为自己人生的依归，是一位融通儒道的人物。这一学术渊源在扬雄的生命中留下了不可磨灭的印记。

扬雄是一个在学养和心性上都表现出一定程度道家倾向的文人、学者。他在《自序》中说："雄少而好学，不为章句，训诂通而已，博览无所不见。"由于他不以仕进为人生的终极目的，所以他不仅能够摆脱

"饶饶置辩于细故之异同"的"经生习气"①，于当时的学术主流作风独立不倚，而且还不为经术所束缚，追随隐于乡间的贤者严君平，从这位"依老子、严周之指著书十余万言"的博通之士游学。

至于他的为人，《汉书》作了这样的描述：扬雄"为人简易佚荡，口吃不能剧谈，默而好深湛之思，清静亡为，少耆欲，不汲汲于富贵，不戚戚于贫贱，不修廉隅以　名当世。家产不过十金，乏无儋石之储，晏如也。自有大度，非圣哲之书不好也；非其意，虽富贵不事也。"这些记载中，有几分是真实的，也有一些虚假成分。比如说他因为"口吃"，不大和人交谈，喜欢一个人苦思冥想，这是真的。但是，说他"不汲汲于富贵"，"不修廉隅以　名当世"就不对了。王莽篡汉以后，扬雄曾写了一篇《剧秦美新》献给王莽。他是仿照他的老乡司马相如的《封禅文》创作的。文章对王莽进行了吹捧，所以，说他"诸人趋附权贵以亨通，而扬雄方草《太玄》，有以自守，泊如也"，那是不符合事实的。他根本没有做到淡泊自守。他这样做，自有他的说法。在《解嘲》中，他说：虽然"士无常君，国亡定臣，得士者富，失士者贫"的战国时代已远逝，但是，作为士，应该学习战国时期游说之士，随时改变自己的处世方式，"矫翼厉翮，恣意所存"。但他在学术方法上还是借鉴了道家的思维方式，《太玄》就是在这个基础上撰写成的。

在经学发展的过程中，文人学士对道家理论的接受似乎变得更为轻巧。对于司马迁"崇黄老而薄五经"的观点，班固和他的父亲班彪都持否定态度。在公众场合或者自己的史学著作中，班固常常以圣人的是非为是非，公开维护儒学的正统地位。可是，在现实的感情生活中，他却不知不觉地融会了老庄思想。在他们看来，老庄思想就是一种生活哲学。儒学解决不了的人生苦闷，在老庄这里都可以很轻松地得到化解。

①见《艺概·文概》。

像他的《幽通赋》，在谈到人生多艰以及性命吉凶时，儒道杂糅，孔老

并用。连他的妹妹班昭在遇到人生困惑时也和他一样用道家思想安慰自己："贵贱贫富，不可求兮……清静少欲，师公绰兮。"[①]可见，两汉时代，虽然兴起了经学，但是，作为人生的精神安慰剂，儒家让位给了道家，原因在于道家学说更贴合人的精神需求，而儒家则更关注人的社会使命，对人的自然属性不大注意。

唐人崇道从皇帝开始

古代中国有一个很盛行的社会现象：凡是帝王贵胄们推崇的东西，文人乃至整个社会都会趋之若鹜。道家思想和道家文化就是在这种文化心态下达到了空前绝后的巅峰。

当唐王朝站稳脚跟后，在北方兴起的道教也格外受到李唐王朝的推崇。

唐高祖李渊，先是把道教所尊奉的太上老君视为李氏的先祖。有了这位风光的老祖宗的护佑，李氏家族也就有了辉煌的历史渊源。当时还规定：在公众场合，道家优先于其他教派。比如进皇宫，道士在前，和尚跟在道士后面。这就是李唐王朝最初实行的道家优于儒家和释氏的崇道政策。也就是说，道教成为国教。武德七年

唐高祖

（公元624年），李渊还亲自到终南山楼观去参拜老子祀庙，并且给道士王知远授以朝散大夫，赏赐镂金冠和紫衣。姑且不说镂金冠价值昂贵，仅就赏赐紫衣而言，实际上是给王道士确定了行政级别：三品。因为，从唐朝开始，官员因行政级别

---

① 见班昭《东征赋》。

不同所穿官服的颜色也不同：三品以上官员的服色是紫色。我们常常说

57

某人红得发紫，从行政级别来说，最少是由四品升为三品。因为四品官的服色是红色，即绯色。

李渊的儿子李世民当了皇帝后，依旧延续着他父亲的崇道政策，甚至把道教作为宗教外交的首选向高句丽王朝传播。

唐高宗是个耳根子比较软的皇帝，很多事情都听皇后武则天的。上元元年（公元674年），根据武则天的意见，唐高宗下诏：凡王公、百官，人人都必须学习《道德经》。同《孝经》《论语》一样，《道德经》也成为选拔官员时的必考科目。

唐玄宗对于道教的尊崇实际上是延续先朝皇帝的既定政策。最初并不代表他对道家与道教的信奉。比如开元九年（公元721年）他把茅山派第十二代传人司马承祯迎入皇宫，亲受法箓，成为道家皇帝。 但是，开元十三年（公元725年），唐玄宗却对群臣说："仙者凭虚之说，朕所不取。"并且把宫中的集仙殿改为集贤殿。虽然是一字之差，但却反映了他立场转变：由崇拜仙道转变为对人才的重视。不久又特下令禁止各州县奏报祥瑞。《旧唐书·张果传》也说"玄宗初即位，亲访理道及神仙方药之事，及闻变化不测而疑之"。由访求神仙药方，到对其持怀疑态度，这说明唐玄宗在崇道这个问题上有时还摇摆不定，但是，到他取得了开元之治的辉煌成就以后，他就变得飘飘然了。比如，开元二十一年（公元733年），他要求每户人家都要收藏一本由他注释的《道德经》。这种做法，无疑对道家与道教在社会上的传播起了推波助澜的作用。

道家与道教在唐代的影响，最初是发生在政治层面，后来才波及文学。而其对文学的影响，又表现在唐诗中无处不在的道家文化因子与道教倾向。

唐代诗人差不多都学习过《道德经》和仙传故事，他们的诗作中对此也有所反映，比如唐高宗和武则天时期的沈佺期就有一首《神龙初废逐南荒途出郴口北望苏耽山》诗："少曾读仙史，知有苏耽君。"苏耽是《神仙传》和《洞仙传》里收录的一位神仙，据说他也是乘鹤升天成仙的。另有王勃《游山庙序》："常学仙经，博涉道记。"岑参《上嘉州青衣山中峰》："早岁爱丹经，留心向青囊。"夏侯子云《药圃》："仙经自讨论。"司空曙《遇谷口道士》："丹经傥相授，何用恋青袍。"张籍《忆故州》："垒石为山伴野夫，自收灵药读仙书。"于鹄《山中访道者》："曾读上清经，知注长生籍。愿示不死方，何山有琼液？"韦应物《休暇东斋》："怀仙阅《真诰》，贻友题幽素。"等等。就连一心奉儒守官的杜甫的行李袋中也装着道家的书籍。

从上面所引述的诗中可以发现：

唐诗是唐代文学中最有唐代文化精神的文学体裁。它几乎涵盖了社会生活的各个方面。而唐代诗人对于道家思想以及道教的趋奉可以说超过了任何一个朝代。

诗人崇道与趋奉潮流

唐诗中有不少游仙诗。唐人的游仙诗是在郭璞游仙诗的基础上以崭新的时代风貌出现的，表现了诗人对仙人的仰慕和对求仙的渴望。神仙具有永恒的生命，这是其吸引人们追慕的唯一原因。《抱朴子内篇·论仙》云："若夫仙人，以药物养生，以术数延命，使内疾不生，外患不入，虽久视不死，而旧身不改。"显然，道教认为仙人之所以"长生久视而旧身不改"，更没有凡人所必须面对的死亡恐惧，就是因为他们有一套"以药物养生，以术数延命，使内疾不生，外患不入"的特殊修炼方法。于是，寻找仙人并向仙人学习那些神秘的长生术便成为许多人尤其是道教信徒乐此不疲、长年不醒的梦想。不仅常人如此，一代英主唐太宗也对仙丹之类的长生药很热衷。据说他就是服用了胡僧的丹药而致使病情加重踏上了不归之路的。

唐人在诗中提到"仙人"的诗作很多。在这方面，初唐的王绩可以说是开风气之先的诗人。他有《游仙四首》：

其一：暂出东陂路，过访北岩前。蔡经新学道，王烈旧成仙。驾鹤来无日，乘龙去几年。三山银作地，八洞玉为天。金精飞欲尽，石髓溜应坚。自悲生世促，无暇待桑田。

其二：上月芝兰径，中岩紫翠房。金壶新练乳，玉釜始煎香。六局黄公术，三门赤帝方。吹沙聊作鸟，动石试为羊。缑氏还程促，瀛洲会日长。谁知北岩下，延首咏霓裳。

其三：结衣寻野路，负杖入山门。道士言无宅，仙人更有村。斜溪横桂渚，小径入桃源。玉床尘稍冷，金炉火尚温。心疑游北极，望似陟西昆。逆愁归旧里，萧条访子孙。

其四：真经知那是，仙骨定何为。许迈心长切，嵇康命似奇。桑疏金阙迥，苔重石梁危。照水然犀角，游山费虎皮。鸭桃闻已种，龙竹未经骑。为向天仙道，栖遑君讵知。

王绩生活的河东地区的王屋山，在唐代是道教圣地之一。他的游仙诗实际上就是他游览王屋山时借游仙抒发自己对仙道的向往。

作为一个想做官就出来做官、想当隐士就回家当隐士的文人，表面上看起来很自如，实际上王绩的骨子里充满了苦闷和不快。在这四首诗中，作者对人生短促发出了无可奈何的悲叹，以及由此而生发出学仙愿望。学仙的方式，一是入山访仙，二是烧丹炼汞。唐人炼丹服药的热情高涨，其本质是对生命的珍视和热爱，也反映了唐代诗人对于生命永恒的美好期盼。唐诗中有不少对炼丹服食的描写。如杜甫在"漂泊西南天地间"时，对金丹道仍旧念念不忘，临终前甚至还有炼丹无成的遗憾。

诗人韦应物劝人炼丹，并认同了老子是道之祖的说法。他的《学仙二首》是这样写的：

其一：昔有道士求神仙，灵真下试心确然。千钧巨石一发悬，卧之石下十三年。存道忘身一试过，名奏玉皇乃升天。云气冉冉渐不见，留语弟子但精坚。

其二：石上凿井欲到水，惰心一起中路止。岂不见古来三人俱弟兄，结茅深山读仙经。上有青冥倚天之绝壁，下有飕飗万壑之松声。仙人变化为白鹿，二弟玩之兄诵读。读多七过可乞言，为子心精得神仙。可怜二弟仰天泣，一失毫厘千万年。

第一首诗，实际上是作者劝告人们求仙最重要的是"存道忘身"。舍此，便不能成仙。第二首通过"石上凿井"的形象比喻，说明求仙必须要持之以恒，不能半途而废。就像那弟兄三个，老大心无旁骛，所以骑白鹿升天，两个弟弟心不精，最后只能仰天而泣。

当许多诗人在诗中都颂扬金丹的驻颜之功时，白居易则为自己服丹无效而深深叹息。他曾经说：世上有治病的药，但是却没有医治衰老的药。但这并不表明白居易不相信道家，恰恰相反，白居易正是从老子那里获得了"此心安处是吾乡"的人生真谛。

唐诗中"仙人"意象也频频出现于诗人的笔端。如常建《宿五度溪仙人得道处》："五度溪上花，生根依两崖。二月寻片云，愿宿秦人家。上见悬崖崩，下见白水湍。仙人弹棋处，石上青萝盘。无处求玉童，翳翳唯林峦。前溪遇新月，聊取玉琴弹。"一座传说中的道教遗址成为诗人久久依恋的地方。在另一首《古意》诗中，常建写道："井底玉冰洞地明，琥珀辘轳青丝索。仙人骑凤披彩霞，挽上银瓶照天阁。黄金作身双飞龙，口衔明月喷芙蓉。一时渡海望不见，晓上青楼十二重。"玲珑剔透的神仙境界和纷繁污秽的尘世形成鲜明的对照。在这种比照中，可以看出诗人对仙界的无限向往。

孟浩然《越中逢天台太乙子》："仙穴逢羽人，停舻向前拜。问余涉风水，何处远行迈。登陆寻天台，顺流下吴会。兹山夙所尚，安得问灵怪。上逼青天高，俯临沧海大。鸡鸣见日出，常觌仙人筛。往来赤

城中，逍遥白云外。莓苔异人间，瀑布当空界。福庭长自然，华顶旧称最。永此从之游，何当济所届。"这首诗虽然比不上李白的《梦游天姥吟留别》那样波澜壮阔，也可以看出作者寻仙慕道、永从之游的心胸"上逼青天""俯临沧海"。

崇道与寻仙

在中唐文坛上，顾况称得上是文坛宿老。他读了白居易的《赋得古原草送别》后，对白居易说：你有这样的好诗，在长安很容易站住脚。可是，顾况本人却一心向道！所以，在《旧唐书》中，把他的本传附在李泌本传后面。在践行道家思想方面，顾况可以说得老子之真髓。他辞官回乡，带着全家人入茅山修道。他的《黄菊湾》诗说："时菊凝晓露，露华滴秋湾。仙人酿酒熟，醉里飞空山。"诗中的酿酒仙人实际上是一心修道的隐士。《题叶道士山房》诗说："水边垂柳赤栏桥，洞里仙人碧玉箫。近得麻姑音信否，浔阳江上不通潮。"在顾况笔下，仙界自由自在的生活就在你的身边，因而也就更能获得世人的认同。不像有些诗人把仙界写得异常神秘，使人望而却步。

虽说老庄并称，实际上在对待世俗生活上，老子和庄子还是有区别的：老子坦易、平和，庄子狂放、昂扬。同样是出世，老子以"无为"应对；庄子则以天马行空式的"逍遥游"解脱自己，有时还难免烦躁、不安。就像鲁迅讽刺的那样：明明站在地上，却用手揪住自己的头发，大喊：我要离开地球！其结果只能使自己更加痛苦。李白在某种意义上就是揪着自己的头发想离开地球的人。

而中唐诗人李益在《登天坛夜见海日》一诗中认为：只有升入仙界的人才是最清醒的。就像他在天坛上已经看见了大海上喷薄欲出的一轮朝阳，而俯视人间，则是"一半浮生皆梦中"。看似写景，实际上代表了作者用仙界否定红尘的审美意识。

唐代诗人仙道情结也随着时代的不同而呈现世人所处的时代特征。在开元天宝年间，诗人们说起仙道，无不津津乐道，似乎每个人都可以成为神仙中的一员，李白是最特出的代表；到了中唐时期，求仙学道的人固然不少，但总给人以迷茫无绪的感觉，连白居易都对仙道持怀疑态度，只不过还没有达到否定的地步；晚唐前期，社会局势已经处于山雨欲来风满楼的境况下，像许浑《学仙二首》其二："心期仙诀意无穷，彩画云车起寿宫。闻有三山未知处，茂陵松柏满西风。"提起求仙学道，人们还是充满了殷切的希望。家家户户都花费心思构建假神的寿宫。遗憾的是，大家都说海上有三座道家的神山，可是，它究竟在哪里，谁也说不上。只知道茂陵里面埋葬的是一心求仙学道、追求长生不老的汉武帝。许浑的这种狐疑，反映了那个时代的文人对社会前景失去信心的普遍心理。

名媛女冠鱼玄机

在唐代诗人的道家情结中，女道士鱼玄机是一个很特出的人物。

鱼玄机是长安人。由于她姿色艳丽，加之聪颖灵慧，在长安城里算得上是一代名媛了。所以，唐宣宗大中十二年的状元李亿将她纳为侍妾。这时，她只有十五岁。李亿后来被昭义节度使、检校礼部尚书刘潼辟为幕僚，太原赴任时就带着鱼玄机。不过，李亿虽然很宠爱她，可是，李亿的妻子却容不得她。大概过了四五年，也就是鱼玄机二十岁左右的时候，李亿把她送到长安城里的咸宜观当了女冠子。她的道号"玄机"大概就是这个时候取的。虽然她入道了，可是她的道心、道机并不稳固。由于她聪慧美丽，喜读书，善吟咏，所以"名播士林"。尤其是她吟赏风月的名篇、佳句常常使得一些文人登门求狎。而鱼玄机也不能

自持，于是就有了不少风流韵事发生。有一天，鱼玄机到邻近的一所道观做客，临出门时，对她的女僮绿翘说："你好好待在观里，不要出去。要是有人找我，你就告诉他我在什么地方。"事有凑巧，鱼玄机出门不久，果然有个人登门拜访。绿翘如实相告，那人扬鞭催马而去。鱼玄机回来后，绿翘把这件事告诉了她。根据绿翘描述的样子，鱼玄机知道那人是她的相好。由于俩人未能谋面，鱼玄机不由得迁怒于绿翘。于那人没去找她，鱼玄机便猜测绿翘和她的相好有苟且之事。天黑以后，她把绿翘叫到自己房内，严加拷问，绿翘始终不承认。鱼玄机怒不可遏，直到把绿翘打死。绿翘死了，鱼玄机害怕了，就在后院挖了一个坑，把绿翘埋了。事有凑巧，不久，有个客人来拜访鱼玄机，宴会之中，客人到后院去小便。发现有一群苍蝇趴在一块被翻过的土上面，赶都赶不走。客人感到很奇怪，回家后，就把这件事告诉了他的仆人。仆人又告诉给他的哥哥。仆人的哥哥是京兆府的一个巡街的小卒，为人跋扈。曾有一次，他到咸宜观里找鱼玄机，想要些钱花。鱼玄机连理都没理他。他觉得很没面子，于是对鱼玄机怀恨在心。这时听了弟弟的一番话，这个巡街的小卒觉得这里面有问题，就偷偷到咸宜观附近去打探。发现人们窃窃私语，说咸宜观里的女僮绿翘不见了。于是，他又叫来几个巡街卒，带着铁锹等工具，强行进入咸宜观后院。终于挖出了绿翘的尸体。鱼玄机被收入京兆府监狱后，很快就承认了自己打死绿翘的事。到秋天，就以杀人罪处决了鱼玄机。这时鱼玄机才不过二十四五岁。

作为一代名媛兼女冠，鱼玄机留下的诗有五十首。其中和道家之事有关的只有三首。其余的几乎都是言情诗。可见，到了晚唐时代，道家或者严格说是道教中的一些人士已经把道教世俗化了，起码在鱼玄机身上是如此。比如她有一首写西施的诗《浣纱庙》，其中有一联最为警策："一双笑靥才回面，十万精兵尽倒戈。"在历来咏西施的诗中，还没有人能超过鱼玄机。

叁

唐代诗人人格中的道家因子
——以李白王维李商隐为中心兼及其他

李白崇道是为了从政

"多病则与学道者宜，多难则与学禅者宜。"这话是苏轼的弟弟苏辙说的。虽然说得有些绝对，但也未必全错。因为在苏辙看来，一个人如果身体不好，经常害病，那就应该去好好学道。为什么？道家注重养生和服药，坚持不懈，病就会好。如果一个人的人生中经常会有不幸和灾难发生，那就应该去学禅。为什么？禅定以后你会忘掉一切烦恼和痛苦。

从苏辙的这段话可以看出，在思想文化领域，宋代人已经喜欢关注自身，他们把佛禅和道家文化视为养生的良药。

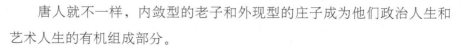

唐人就不一样，内敛型的老子和外现型的庄子成为他们政治人生和艺术人生的有机组成部分。

在唐代诗人的道家情结中，李白对仙、道的期盼和痴迷超过了唐代任何一位诗人。

李白生长于奇山秀水的川北江油，对大自然的热爱和受道教环境的耳濡目染，养成了他"一生好入名山游"的生活追求，而这正契合了道家崇尚自然，追求心灵自由的文化精神。

早在出蜀和入长安之前，李白在他的家乡就已经对道家、道教产生了浓厚的兴趣。他说自己 "十五学神仙，仙游未曾歇"。他家附近有座戴天山，就在今江油市大康镇。李白曾在此隐居，并结识了戴天山道士。他有一首《访戴天山道士不遇》："犬吠水声中，桃花带露浓。树深时见鹿，溪午不闻钟。野竹分青霭，飞泉挂碧峰。无人知所去，愁倚两三松。"读完这首诗，让人感觉到作者已经把我们带入到一个山水林泉极其清幽的人间仙境。

江油附近还有一座太华山，也是道教圣地。李白游太华山时留下了《太华山》诗："石磴层层上太华，白云深处有人家。道童对月闲吹笛，仙子乘云远驾车。怪石堆山如坐虎，老藤缠树似腾蛇。曾闻玉井今何在，会见蓬莱十丈花。"这里的太华山和他十多年后登临的西岳华山有着类似的奇险和传说，不过，江油的太华山只是传说有玉井和十丈莲花，不像西岳华山的绝顶上真有玉井和传说千年一开的十丈莲。后来的韩愈对华岳的十丈花也是很向往的，他在《古意》诗中写道："太华峰头玉井莲，开花十丈藕如船。冷比霜雪甘比蜜，一片入口沉疴痊。我欲求之不惮远，青壁无路难夤缘。安得长梯上摘实，下种七泽根株连。"据说他后来真的上华山去找传说中的如船大藕，结果被困在苍龙岭上，投书求救，才下了山。如船大藕自然没有采到。

李白后来写他上华山的时候还看见华山仙人"素手把芙蓉"欢迎

他。道家，准确地说，在李白那里更多的是庄子的影响使得他头脑中中充满了夸张与幻想，尤其对神仙境界是如此。他的《古有所思》，已经流露出升仙的急切愿望："我思仙人乃在碧海之东隅。海寒多天风，白波连山倒蓬壶。长鲸喷涌不可涉，抚心茫茫泪如珠。西来青鸟东飞去，愿寄一书谢麻姑。"当他感到自己到不了仙界时，就希望给西王母传信的青鸟能把他的这种急切心情告诉海上仙山中的神仙麻姑。游仙、怀仙，赠方士、道士、女冠以及探访道观名胜在李白诗中比比皆是。可以说，现实生活中的李白实际上是生活在他所心驰神往的神仙境界。老庄思想成为李白人生的重要精神支柱。

李白求仙、寻仙，盼望自己成仙，这是庄子逍遥游的继续。他是不大臣服老子的。因为老子的心境太安静了，庄子更倾向于天马行空式的狂放。比如李白的《怀仙歌》："一鹤东飞过沧海，放心散漫知何在。仙人浩歌望我来，应攀玉树长相待。尧舜之事不足惊，自馀嚣嚣直可轻。巨鳌莫戴三山去，我欲蓬莱顶上行。"别的诗人是仰首望神仙，李白则是神仙高歌迎接他，他把自己摆在了一个连神仙都对他充满敬意的绝对高度。但在尘凡世界，李白还是比较规矩的。据说唐玄宗带着妃子在兴庆宫赏牡丹，看了一阵，觉得不尽兴。就派人去找翰林待诏李白入宫，写诗助兴。结果他在一家酒楼上喝得醉醺醺的，但还是摇摇晃晃地跟着高力士进了宫。对此，杜甫在《饮中八仙歌》里写道："李白一斗诗百篇，长安市上酒家眠，天子呼来不上船，

太白醉酒图

自称臣是酒中仙。"一心想成仙的李白面对现实生活中的皇帝，还是乖乖地俯首称臣。

李白的诗歌创作与道家有着千丝万缕的联系。在李白诗集中，有不少诗是他和道士之间的唱和诗。这些诗流露出浓厚的求仙访道的思想倾向。司马承祯赞赏李白有"有仙风道骨"；贺知章读了他的《蜀道难》，称他为"天上谪仙人"，于是后世的人也就跟着把他称为"诗仙"。这都是针对李白诗歌的道家情结而言的。

李白之所以崇道，除了他自幼生长的环境的熏陶外，另一个重要的原因就是他对政治环境的趋奉。我们之前已经知道，李唐王朝为了显示自己门第高贵，便把老子攀附为自己的远祖。司马迁在《史记》中对老子在楼观传道以后的归宿语焉不详。李唐的近祖可以追溯到汉朝。我们可以猜测：老子离开楼观以后，有可能西行而去。所以也就有可能在陇西成纪留下他的后裔。李白又自称是李唐王朝的宗室，那么，他的崇道又和李唐王朝一样，带有承传祖业的因素。

既然把老子奉为远祖，那么以老子为教祖的道教自然也就成了唐王朝的国教。李唐王朝最高统治者的这种做法无疑对道家和道教在唐代的发展起了推波助澜的作用，从而使得道家和道教在唐王朝进入了鼎盛时期。社会上兴起了一股崇道的热潮。唐代诗人慕道、崇道与此大有关系。而在众多的诗人中，李白则是其中最突出的代表人物。

生活在盛唐时期的李白，同当时大多数知识分子一样，向往着建功立业，光宗耀祖。为了实现自己"申管、晏之谈，谋帝王之术，奋其智能愿为辅弼，使寰区大定，海县靖一"①的愿望和理想，李白在他二十五岁的时候，"仗剑去国，辞亲远游"②。

"仗剑去国"，就是说他离开故乡的时候，腰里挂着宝剑。于是有人就说李白个性中具有游侠意识。

---

① 见《代寿山答孟少府移文书》。
② 见《上安州裴长史书》。

仗剑的李白：一位优雅的君子

其实，李白"仗剑"并不是这个意思。春秋时，有个叫薛烛的秦国人知道越王勾践很喜欢剑，就对越王勾践说："君子之国，其人衣冠带剑。"意思是说：宝剑是君子之国的人用来显示自己威仪时用的装饰品。所以，李白说他"辞亲远游"时腰间佩带着一把宝剑，只是把剑作为随身的装饰品，用以显示自己是一位优雅的、非同小可的君子，并不是说他腰挟宝剑，疾恶如仇。一个很普通的常识是：李白出川时，还没有涉足社会，哪儿来的仇人？即便是他后来二次入长安、遭人谗毁而被唐玄宗赐金放还后，他也没敢动仇家一根毫毛！为了发泄胸中的郁闷，在洛阳的酒店里，只好拔剑击柱！这在他的《行路难》一诗中写得清清楚楚。

李白一生曾经两入长安。第一次大约在唐玄宗开元十八年前后，无果而终。第二次是天宝元年，其间隔了十二年。为了实现自己的人生目标，在第一次入长安后，李白以道教为媒介，奔波于长安和终南山之间，想打通玉真公主的这个关节，进而达到入朝做官的目的。玉真公主毕竟不是谁都能见到的普通道士。在等候无望的情况下，李白给张说的二公子、唐玄宗的女婿张垍写了一首诗，拜托陪他的王征君转交。这就是《秋山寄卫尉张卿及王征君》："何以折相赠，白花青桂枝。月华若夜雪，见此令人思。虽然刿溪兴，不异山阴时。明发怀二子，空吟《招隐》诗。"

李白的酬赠唱和诗几乎都少不了陈述自己理想、关心社会民生的内容。可是，这首诗压根不提这些，而是告诉对方自己要离开终南山。到那时候，你就是再呼唤我，也无济于事。这就让人想起杜甫给韦济的诗中也有类似的表白。杜甫在长安多方奔波而求仕又毫无结果的情况下，给韦济上了一首诗，结尾说："白鸥没浩浩，万里谁能驯！"[1]意思是说：我要像白鸥那样，做一个自由自在的隐士。到那时候，你就是想召

----

[1] 见《奉赠韦左丞丈二十二韵》。

回我，也难！李白也像杜甫那样决绝：我走以后，你就是写多少《招隐》诗，想把我召回，也是白搭！

反映这种情绪的诗，在李白来说，差不多都是在离开长安以后写的，而这首诗却是在他还没有离开长安时写的，这说明李白当时情绪已经坏到不怕得罪权贵的地步了。

李白的道家情结主要是给自己痛苦的心灵找寻出路。

贺知章把李白视为被贬到人间的神仙。李白也自谓神仙。道教以及神仙都被李白转化为诗情，寄托着诗人的人格精神和对未来的期望。李白在表现自己这种情感时，常常呈现出外向型的自我张扬的特点。而他的放达个性也借助于这种张扬表现出来。

李白第二次入京前，正住在南陵。当他知道皇帝召他进京的消息后，对他的不懂事的孩子说："仰天大笑出门去，我辈岂是蓬蒿人。"[①]

贺知章

天宝三年（公元744年）年李白被玄宗"赐金放还"，愤然离开长安。从政之梦趋于破灭后，他更加沉溺于神仙道教，热衷于求仙访道，并于天宝四年接受道箓，加入道士行列，成为一名名副其实的道士。这时的李白，早已没有了云帆高挂、长风破浪的豪情壮志，只剩下"总为浮云能蔽日，长安不见使人愁"[②]的抑郁愤懑。

李白的《留别广陵诸公》一诗真实地记录了他从求仕、入京待诏翰林到游仙出世的心灵历程："中回圣明顾，挥翰凌云烟。骑虎不敢下，攀龙忽堕天。还家守清真，孤洁励秋蝉。炼丹费火石，采药穷山川。"

---

①见《南陵别儿童入京》。
②见《登金陵凤凰台》。

李白的人生经历可谓大起大落。为了从困境中解脱出来，他斥诗歌倾吐心中的烦闷。而受道   、服丹砂又是他希望摆脱现实世界、进入神仙世界的唯一途径。所以，在他的诗歌中充满了对神仙世界的讴歌和向往。范传正在给李白写的墓碑中说"（李白）好神仙非慕其轻举，将不可求之事求之，欲耗壮心，遗余年也"，根本不符合李白崇道的实际。李白直到"余年"，还是"壮心"不已。就像他在《送杨山人归嵩山》时的结尾所祝福的那样："岁晚或相访，青天骑白龙。"根本看不出他对人生的失望。

李白崇道是为了寻求精神上的超脱，进而达到出世的目的。在这种思想支配下，他的诗歌充满了超凡的想象和绚丽多姿的神话色彩。

如《古风之十九》："西上莲花山，迢迢见明星。素手把芙蓉，虚步蹑太清。霓裳曳广带，飘拂升天行。邀我登云台，高揖卫叔卿。恍恍与之去，驾鸿凌紫冥。俯视洛阳川，茫茫走胡兵。流血涂野草，豺狼尽冠缨。"诗以西岳华山为描写对象，前半部分描写自己升入仙界后感受到的和谐与宁静，结尾则写他在仙界俯瞰人间时，看到安史叛军给社会造成的巨大破坏和灾难。

在《梦游天姥吟留别》中，李白更是借助于梦游的方式写出了自己升入仙界后所受到的热烈欢迎："霓为衣兮风为马，云之君兮纷纷而来下。虎鼓瑟兮鸾回车，仙之人兮列如麻。"诗人最后点出：即便是用摧眉折腰换来尘世的功名，也不过像流水一样一去不复返。与其如此自己折磨自己，还不如留在仙界开心！李白凭借着幻化的神仙世界获得心灵和现实羁绊的解脱，实现了心灵的自由。

李白洒脱的性情和崇尚自由的人格精神，完全契合道家三张清净无为，飘然世外，不为浮名所累的宗旨。

老子论道，常常用"恍惚""窈冥"等扑朔迷离的词语将其描绘成玄而又玄的纯感性的世界。

李白流放夜郎途中遇赦，返回途中，重游庐山，并写下了《庐山遥寄卢侍御虚舟》这首诗。诗中说："我本楚狂人，凤歌笑孔丘。手持绿玉杖，朝别黄鹤楼。五岳寻仙不辞远，一生好入名山游……登高壮观天地间，大江茫茫去不还。黄云万里动风色，白波九道流雪山……遥见仙人彩云里，手把芙蓉朝玉京。先期汗漫九垓上，愿接卢敖游太清。"这是李白的最后一首游仙诗，也是他一生求道、慕道、追寻神仙的思想和个性的缩影。现实没有给他以快乐和安慰，雄浑壮美的山川景色也不值得他深深留恋，只有虚无缥缈的神仙境界可以安顿他躁动而又寂寞的灵魂。唐代不少诗人在现实中遭受挫折后都回到道家思想中寻求安慰，但都不如李白来得自然和率直。

和道士、女冠子打交道最多的诗人

唐代诗人中，李白是和道士、女冠子打交道最多的诗人。

李白出川以后，醉心于访道、炼丹、采药、读经、隐居学道。尤其是和当时道教界的领袖人物如道教宗师司马承祯、吴筠，茅山道士李含光等都有交往。这不只表明李白对道家与道教的热衷，更显示了他在道教界的个人地位。

开元十八年，李白经著名道士元丹丘的推荐，被唐玄宗召入长安。入长安后，李白在长安道教界拜访的第一位人物就是唐玄宗的妹妹玉真公主。他的觐见之礼就是干谒诗《玉真仙人词》："玉真之仙人，时往太华峰。清晨鸣天鼓，飙欻腾双龙。弄电不辍手，行云本无踪。几时入少室，王母应相逢。"从诗中可以看出，玉真公主社会活动频繁，行踪不定，不是住在终南山的楼观别馆，就是去华山主持道教修炼法会。李白是道教中人，所以，他写玉真公主修炼之事，充满了虚幻和神秘色彩。"清晨鸣天鼓"，从字面上看，似乎是对击鼓的夸张说法，实际上是指道家早晨的必修功课"叩齿"。道家的典籍《云笈七签》说：左齿相叩叫打天钟，右齿相叩叫捶天磬，中央上下相叩叫鸣天鼓。"飙欻"，也是道家的一种功修，类似于人们常说的轻功。修道的人，修到一定程度是可以腾空而起的。"弄电""行云"也是道家的功修，也说明玉真公主行踪不定。在诗的结尾，李白甚至祝愿玉真公主能在道教圣地少室山与西王母相逢。因为李白年轻的时候在蜀

玉真公主

中的青城山师从过著名道士赵蕤学道，所以，他对道教的修行功课及程式都很内行。

　　李白如此盛赞玉真公主的功法，其目的就是想通过信仰上的桕同获取玉真公主的信任，能够使自己入朝为官。作为一种人生信仰，道家或道教对李白来说只是他获取功名的重要媒介。这是一首干谒诗。干谒，在唐代是一种很流行的社会风气。他是文人在科举或求职前的自我推荐活动。不过这种自我推荐因人而异。杜甫到长安后，有过近十年的干谒经历。他向权贵者推荐自己，始终把握着自己的家族从晋朝名将杜预以来世世代代"奉儒守官"的传统，言外之意就是说自己也应该当官，不然，就有辱斯文。其干谒的特点是把自己恪守儒家信仰始终摆在突出的位置。李白就不一样了！他也走上层路线，不过，他是通过自己的宗教信仰和上层人物进行沟通。其干谒的诗文常常是风、云、雾、电以及天上的神仙，充满了道家和道教的神秘色彩。

　　诗是投出去了，但玉真公主未必就会接见他。在玉真公主的终南别

馆里等的时间长了，李白就有点耐不住性子了。他写了《玉真公主别馆
苦雨赠卫尉张卿二首》。

诗题中的卫尉张卿是唐玄宗的女婿张垍。他是宰相张说的儿子。唐玄
宗把自己的女儿宁亲公主嫁给张垍。李白到楼观拜谒玉真公主，却见不着
人。当时秋雨连绵，他困在"别馆"中，就向玉真公主的侄婿张垍诉苦。

第一首是这样写的："秋坐金张馆，繁阴昼不开。空烟迷雨色，萧
飒望中来。翳翳昏垫苦，沉沉忧恨催。清秋何以慰，白酒盈吾杯。吟咏
思管乐，此人已成灰。独酌聊自勉，谁贵经纶才。弹剑谢公子，无鱼良
可哀。"

"金张馆"，金是金日磾，张是张安世，都是汉宣帝时的著名权
贵。后世就用金张代指权贵之家。诗中的"金张馆"指玉真公主的别
馆。这首诗和写给玉真公主的诗完全是两个格调。在这首诗中，他开始
诉苦了：秋雨连绵，山色阴沉迷蒙，秋风潇飒，已经让人感到了阵阵凄
冷。离开这里吧，已经等了这么长时间了；留下来吧，秋雨、繁阴让
人透不过气来！没办法，只好喝酒解愁。说到喝酒，在李白诗中，我
们常常看到他喝的都是很名贵的酒："金樽清酒斗十千，玉盘珍馐直
万钱。"[1]可在玉真公主的别馆里，他却喝的是普通的"白酒"，联系
后面的"弹剑谢公子，无鱼良可哀"，可以看出，玉真公主的别馆在接
待来访者时，是把客人分为不同等级的。李白虽然是著名道士元丹丘推
荐来的，可他名不见经传，人家就把他当做最普通的人接待，所以，菜
肴中连鱼都没有，更不要说肉了。"食无鱼"的典故出自《战国策》中
的《冯谖客孟尝君》。孟尝君在接待门客时，根据门客的才能高下，饮
食起居的标准也不同。"食无鱼"的人是最没本事的人。可以看出，玉
真公主根本就没有把李白看做是人才而给以优厚待遇。可李白自己却认
为自己具有管（仲）乐（毅）之才。所以，他才对张垍说："弹剑谢公

①见《行路难》。

76

子，无鱼良可哀。"在权贵面前，李白还不敢过分张扬，只希望张公子能重视一下他这位具有"经纶之才"的人才。至于 "天生我材必有用"的大话，那只能是背过权贵以后才敢说的。所以，在给张垍的诗中，李白变得收敛而现实了。

张垍虽然是唐玄宗的女婿，是从三品的卫尉卿，但他并没有什么实权，只是掌管给宫殿换换窗帘的闲差事。

第二首写张垍不给自己帮忙，对张垍发了发牢骚。不过，李白在张垍的面前还是有点虚张声势，用《庄子·秋水篇》中夸张手法写终南山的秋雨。接着还讽刺张垍瞧不起他："丹徒布衣者，慷慨未可量。"一旦功成，我也会拂衣而去，不会死守富贵不放手。为什么他要"功成拂衣去，摇曳沧洲傍"？从他在诗中用的《南史·刘穆之传》的故事可以看出，李白深信刘穆之所说过的话："贫贱常思富贵，富贵必践危机。"这倒应了老子所说的"金玉满堂，莫之能守。富贵而骄，自遗其咎"，因此他才要听老子的话："功遂身退，天之道。"

李白的个性有一个很大的优点，那就是：困难的时候从不气馁。人家已经把他冷落在那里，根本不予理睬，但他依然要编织一个美丽的理想花环来安慰自己。他有时候把自己比作生长在偏僻花园中的孤独幽兰。既然是孤兰，那就自甘寂寞吧！可是现实偏偏不是他所想象的那样顺乎人心。他有时还会受到流言蜚语的谤伤。对此，他却从另一个角度作出回应："若无清风吹，香气为谁发？"他把流言蜚语比作一阵清风，而且这风还刮得很好！因为，兰的幽香如果没有清风吹拂，怎么能散发开去呢？香气散发不出去，谁又能知道你与众不同呢？表面上看，很大度，其实是一种无可奈何的选择。

寻仙与散心

李白这次入长安，想通过拜会玉真公主，使自己出人头地，结果受到冷落。在这种境况下，李白并没有放弃，而是选择隐逸。他在楼观附近找了一个地方住了下来，想采用守株待兔的办法，能和玉真公主邂逅。可见一千多年前的李白也深知名人效应的重要作用！遗憾的是他始终没能在楼观遇见玉真公主。因此，他对玉真公主也流露出一丝不满。有时便离开隐居的松龙，出去散心。太白山最近，他就去了那里。对于太白山，在道家看来是一座圣山。而且，在唐代，尤其是在唐玄宗时期，这里曾发生了几起在今天看来十分荒唐、而在当时却能引起皇帝高度重视的神奇事件。天宝八年，有个叫李浑的太白山人给唐玄宗写了一封信。信中说他在太白山金星洞发现了一块玉版，上面写着关于当今皇

太白山

上福寿的符文。唐玄宗一听，马上派人去查看，果然有一块玉版。带回长安后，供奉在兴庆宫，而且大赦天下。并把太白山神封为神应公，在五等爵位中品阶最高。李浑也因此而受到封赏。

李白西游太白山，也只是散散心。他在《登太白峰》中是这样写的："西上太白峰，夕阳穷登攀。太白与我语，为我开天关。愿乘冷风去，直出浮云间。举手可近月，前行若无山。一别武功去，何时复更还？"这是他离开终南的隐居茅庐、西游太白山时写的。从楼观到太白山下，路程并不算远。所以，天快黑的时候他已经开始登山了。这只是叙述自己的行程。关键是在下面几句："太白与我语，为我开天关。愿乘冷风去，直出浮云间。"这是他登山过程中，抬头看见太白星，太白金星对他说：你上来吧，我给你打开天门！言外之意很明显：玉真公主不见他，可是天上的神仙却愿意接待他！所以，他便奋力攀登，"愿乘冷风去，直出浮云间"，出了浮云，他离明月就更近了。这种游仙式的自我安慰，三百多年以后被苏轼搬进了他的旷世名作《水调歌头·明月几时有》："我欲乘风归去，又恐琼楼玉宇，高处不胜寒！"不过，苏轼不愿意离开人间，李白则是觉得离得越远越好！为什么？因为在太白星那里，举手就可以摸到月亮，而且，在你的面前是一条"前行若无山"的坦途！不像人间行路难："山从人面起，云傍马蹄生。"[1] 看似一首平常的登山纪游诗，却渗透了李白失落人生的种种感慨！李白这次西游，并没有走多远，只是探访了一些和道家有关的文化遗址，比如弄玉在岐山留下的"凤女台"等。不久，他就又回到了楼观附近的隐居之地，并写了《春归终南山松龙旧隐》。他依旧是想能在这里遇见玉真公主，实现他"愿为帝王辅弼"的人生愿望。

在等待期间，他阅读了一些能显示自己才华的文献。看惯了道家典籍的李白，有时也读读历史文献。不过，他读文献，是有选择的。比如，

[1]见《行路难》。

他读《三国志》时，就喜欢读《诸葛亮传》。明眼人一看，就发现他是在借诸葛亮说自己的心思。诸葛亮人称南阳的卧龙先生，躬耕垄亩之间，终于被刘备发现了，并且委以重任。李白很羡慕！他说自己也是"草间人"，而且满怀济世拯物的远大理想！可就是没人能发现自己！李白的比喻是很贴切的！诸葛亮入了蜀地。李白认为："武侯立岷蜀，壮志吞咸京。"①其实，从三国时期的历史看，最后是曹魏代汉。孙吴视长江为天然屏障，结果是"王浚楼船下益州，金陵王气黯然收。千寻铁锁沉江底，一片降幡出石头。"②三足鼎立的另一只腿是以刘备为首的蜀汉。结果也是在刘禅手里投降曹魏了。自古以来，把天府之国西蜀视为开创帝王业绩的根据地的军阀，没有一个不失败的。蜀汉的失败，在刘备三顾茅庐的最后一次即"隆中对"，诸葛亮建议刘备西进益州、占领西蜀，以成三足鼎立之势；最后夺取关中时就已经注定了。李白也自称自己愿为帝王辅弼。可是，他却把一个犯了战略错误的诸葛亮视为自己学习的楷模，也难怪他不能成功。

李白第一次入京虽然没有让他满意的结果，但是，李白好道的名声却在长安传播开来。加之贺知章读了他的《蜀道难》以后，称他为"天上谪仙人"。这一赞誉，其实比他"好道"更能引起社会的关注。这就为他二次入京打下了基础。

第一次入京让李白很失望。离开长安后，他和元丹丘隐居嵩山。李白现存酬赠元丹丘的诗有十多首，其中《元丹丘歌》云："元丹丘，爱神仙，朝饮颍川之清流，暮还嵩岑之紫烟，三十六峰长周旋。长周旋，蹑星虹，身骑飞龙耳生风。横河跨海与天通，我知尔游心无穷。"从这首诗可以看出李白虽然在仕途上受了挫折，但他此时的游仙热情却空前高涨。《嵩山采菖蒲者》写汉武帝在嵩山遇仙之故事以及自己服药

---

① 见《读诸葛武侯传书》。
② 见刘禹锡《西塞山怀古》。

延年之遐想；《题元丹丘山居》《题元丹丘颖阳山居》《观元丹丘坐巫山屏风》等都是写他跟随这位道友游仙的感受；尤其是《赠嵩山焦炼师并序》一诗，写他专访著名女道士焦炼师的经过。诗前的序是这样写的："嵩山有神人焦炼师者，不知何许妇人也。又云生于齐、梁时，其年貌可称五六十。常胎息绝谷，居少室庐，游行若飞，倏忽万里。世或传其入东海，登蓬莱，竟莫能测其往也。余访道少室，尽登三十六峰，闻风有寄，洒翰遥赠。"如果这位焦炼师真的"生于齐、梁时"，那么，李白去拜访她的时候，她应该已经二百三四十岁了。但其容貌却像五六十岁。稍有一点头脑的人都会认为这是不可信的。但李白对此则深信不疑。焦炼师确有其人，和李白同时的王昌龄、李颀都有写焦炼师的诗。可见她在当时很驰名。据钱起《题嵩阳焦道士石壁》诗，这位女道士是蜀人。李白却说"不知何许妇人也"，实际上是在故弄玄虚。诗比较长，无非是写自己想成为焦炼师的弟子，跟着她学道。可惜"尽登三十六峰"，始终未能谋面。前面说的钱起赠焦炼师诗中说："彩云不散烧丹灶，白鹿时藏种玉田。幸入桃源因去世，方期丹诀一延年。"说明焦炼师是长于炼丹的。李白苦苦相寻，"洒翰遥赠"，自然也是出于炼丹、服食、求仙的目的。从李白的一些诗看，李白与元丹丘曾一起炼丹，但没有成功。所以李白在《颖阳别元丹丘之淮阳》诗中就显得灰心丧气："所失重山丘，所得轻埃尘。精魄渐芜秽，衰老相凭因。我有锦囊诀，可以持君身。当餐黄金药，去为紫阳宾。"离别之前，李白毫无保留地将自己炼丹的"锦囊诀"献给道友，并劝他"去为紫阳宾"，拜著名道士胡紫阳为老师。这无形中是说元丹丘不行，要炼出仙丹，还得另谋高就。

李白所交往的道士除元丹丘、玉真公主外，还有前面所提到的胡紫阳。出于对道教的痴迷，李白曾赴随州亲自拜访胡紫阳，而且留下了《题随州紫阳先生壁》及《冬夜于随州紫阳先生餐霞楼送烟子元演隐仙

81

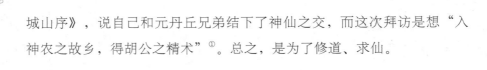

城山序》，说自己和元丹丘兄弟结下了神仙之交，而这次拜访是想"入神农之故乡，得胡公之精术"①。总之，是为了修道、求仙。

李白诗歌中道教文化的体现

李白的诗歌中的道教文化情结主要表现在对神仙世界的描绘和向往。从求仙、访仙到对仙境的描绘，最后得道成仙，这些内容在李白的诗歌中占了不小的比例。李白在诗歌中描绘高蹈超越、奇丽不凡的神仙世界，不管在他的意识中这个世界是不是真实的存在，但他总是努力通过诗歌创造的境界表现自己极力超脱现实束缚、实现个人抱负的高远理想和强烈愿望。神仙幻想中体现的那种自由的超越精神成为支撑李白生命和鼓舞他创作的原动力，直接影响了其诗歌创作的构思、联想、夸张等艺术审美观，使之具有鲜明的、独特的文化个性特征。渴望入世而又处处受阻，这种人生的缺憾借助于求仙访道的艺术形式加以宣泄，从而折射出盛唐社会宏阔的时代精神风貌。

关于仙境，李白曾有过无数描绘。比如他梦游中的天姥山、亲自登临的泰山、幻想中的海上三神山以及现实中的西岳华山和中岳嵩山等，仙境在他的笔下呈现出奇幻飘逸、雄伟壮观的景象。如《怀仙歌》："一鹤东飞过沧海，放心散漫知何在。仙人浩歌望我来，应攀玉树长相待。尧舜之事不足惊，自馀嚣嚣直可轻。 巨鳌莫载三山去，我欲蓬莱顶上行。"在把尧舜奉为神明的时代，李白却说尧舜之事不足为奇，其余的就更不值得称道了。他之所以这样说，就是因为神仙世界比人间更能吸引他。他的《游泰山六首》可以说是第二次入京前对他的求仙访道生活的一次总结。在仙界，他受到了在人间不曾受到过的礼遇：神仙不仅热情地欢迎他，而且仙女还给他捧来仙酒（流霞）。在不倦地访求之后，诗人终于得到仙人的许可，让他留在仙界："天上白玉京，十二楼

---

① 见《送烟子元演隐仙城山序》。

五城。仙人抚我顶，结发受长生。"①

李白生活在一个蓬勃向上的浪漫时代。这个时代也因为有了像李白这样的伟大诗人而愈发显得浪漫。而李白浪漫情怀的深层根源便是道家思想的影响。

道家最看重人的生命的自然价值。《抱朴子内篇·勤求》就说："古人有言曰：生之于我，利亦大焉。论其贵贱，虽爵为帝三，不足以此法（指金丹大法）比焉。论其轻重，虽富有天下，不足以此术易焉。故有死王乐为生鼠之喻也。"道家认为：即便是身居九五之尊和富有天下的帝王，与长生相比都黯然失色。只要能让他死而复生，哪怕让死去的帝王变成一只活着的老鼠，他都心甘情愿。道教把生命价值高于一切的观念强化到了极致。所以李白就说："蝉翼九五，以求长生"。②正是道教这一观念的表述。

尘世的人如何获得生命的永恒？那就要像仙人那样，"以药物养生，以术数延命，使内疾不生，外患不入"。③有人说：李白在诗中喜欢写女人和酒，其实，李白最喜欢的是寻仙访道，而女人和酒只是在他寻仙不成的境况下才出现的。

王维的道家情结

说起王维，人们首先联想到的便是他的诗佛称号。这和他的诗歌中充满了禅宗的空灵之气有关。由于佛理被认为是王维思想的渊源，于是老庄哲学这一影响王维思想的另一主要因素几乎被人们完全遗忘。事实上，唐王朝的最高统治者是儒、释、道三家兼收并蓄。儒家作为显学，常常被文人用来显示自己的社会责任和人生抱负，而在实际生活中，佛

① 见《经乱离后天恩流夜郎忆旧游书怀赠江夏韦太守良宰》。
② 见《来日大难》。
③ 见《抱朴子内篇·论仙》。

和道则成为他们修身养性的精神依托。一个人不能整天喊他如何济民生、救民瘼，因为这话说得多了也会惹人嫌弃。但是，如果他常常说一些关于无为、静寂，或者寄情山水林泉等话题，人们反而会称赞他宁静淡泊，心性高远。唐人也确实是如此，几乎唐代每个诗人也都是儒、道、佛兼收并蓄。宗教文化要么是他们在感到人生困顿时获取暂时的慰藉，要么是他们超凡脱俗的精神寄托，尤其是孤独的诗人凭借老庄之学畅游在幻想世界，以忘却暂时的苦闷。王维也不例外，老庄哲学是他思想的重要组成部分。道家思想与佛禅的交汇，直接影响了王维的思想和诗歌创作。王维在山水田园诗歌上所取得的成就，既有佛禅的印痕，也是道家思想的升华。

禅与道的融汇

王维不仅一心向佛,而且对道家也情有所钟。《春日上方即事》诗就说："好读高僧传,时看辟谷方"。"读高僧传"，自然是佛教的功课。而辟谷，则是道家修炼成仙的一种方法。所谓"时看"，就是经常的意思。王维经常看"辟谷方"，可见他对道教长生之术也是很关心的。他平日和道士们也多有来往,反映这方面的交往诗有《送张道士归山》《赠焦道士》《送方尊师归嵩山》《赠东岳焦炼师》。在《赠东岳焦炼师》中，他说这位焦炼师"先生千岁余,五岳遍曾居……自有还丹术"。在《送王尊师归蜀中拜扫》中，王维称王尊师为"大罗天上神仙客"——称颂他的身份比三清天的神仙还要高贵。因为大罗天还在三清天之上。王维有一首《和尹谏议史馆山池》："云馆接天居，霓裳侍玉除。春池百子外，芳树万年馀。洞有仙人箓，山藏太史书。君恩深汉帝，且莫上空虚。"尹谏议本名尹愔，是当时的道教名流。开元二十五年唐玄宗召其入朝，授予他谏议大夫、集贤学士兼知史馆事。由方外之人变成了政治道士。王维当时在朝廷任监察御使。按理说，他们之间没有公事往来，但王维和尹道士的交往还是比较多的。诗的前六句写史馆的自然环境，有假山、池塘、春水绿树，非常优雅。尹道士的诗没有流传下来，但是，从王维诗的结尾两句我们可以推想：尹道士还是时时想回他的道观去。所以，王维劝他说："君恩深汉帝，且莫上空虚。"他在这里用了葛洪《神仙传》里的一个故事。汉文帝时，有个老头子精通老子的《道德经》。大家都不知道他的名字，因为他在河边搭了一座茅庵，住在里面，所以人们就把他叫河上公。汉文帝业很喜欢读《道德经》，但有些地方他不大明白，身边的人也不知道所以然。汉文帝就派人带着问题去请教河上公。河上公知道来人的用意，就对那人说："道尊德贵，可不能随便派个人来打听。"言外之意就是说：要想请教问题，你皇帝必须自己亲自来！汉文帝听了那人的回话，便亲自到河上公的茅庵去求教。汉文帝说："你老先生虽然有道，但你还是朕的臣民。你不到皇宫中给朕解答问题，反而要朕到你的茅庵中来，你能说你是高人吗？"河上公听了，搓了搓手，便慢慢地升到半空中，盘膝而坐，对汉文帝说："我上不至天，中不累人，下不着地，怎么能是你的臣民呢？"汉文帝一看，马上下下车，跪在地上低头叩拜，对河上公说："朕确实无德，虽然当了皇帝，但是有辱祖先。有那么一点点才能，却自以为得了不起。朕虽然治理天下，但还是一心敬道。因为自己愚钝，有很多问题弄不明白。请您能教教朕吧！"河上公从怀里掏出两卷素书递给汉文帝，嘱咐他："你仔细研读，所有疑问都会解决。我注《道德经》以来，已经一千七百年了。总共传了三个人，你是第四个。记住：我给你的素书，不要让别人看见。"说毕，便消失得无影无踪。王维所说的"君恩深汉帝"，就是说：我们的皇帝比汉文帝强多了，你千万不要像河上公那样消失得毫无踪影。王维的道教情结在某种意义上说充满了浓厚的政治色彩。所以，他和尹道士的交往就不是一般意义上的应酬了。

在和道士、炼师以及方士的交往中，通过对道教教义的了解，王维也变得随遇而安。而佛禅正好又使他在纷繁中获取静寂。即便是平日来往的诗人中，也不乏热衷道教的人，如著名诗人李颀就经常服用丹砂。而且，他的肤色很好，这令王维十分羡慕。以至于发出了这样的叹息："悲哉世上人，甘此膻腥食。"①王维与李颀、王昌龄、崔颢、綦毋潜、岑参等人都有交往，所以，李颀服食丹药对周围人的影响还是比较大的。王维是坚持素食的，所以他为那些把腥膻当做美味佳肴的人感到悲哀。

道的无为与诗境的空灵

在唐代诗坛上，王维以山水田园诗而著称。如果说他的山水诗中呈现出的"空灵"境界是由于受禅宗影响的话，那么，自然、恬淡的心态应该是受到道家思想影响。道家从自然出发，注重人性自然，追求人的主体心灵的自由纯真。"自然"一词最早出现于《庄子·德充符》中的"常因自然而不益生"一语。而王弼在解释第五章时说："天地任自然，无为无造，万物自相治理。"王维对此极其认同。所以他在《山居秋暝》中说："随意春芳歇，王孙自可留。"当诗坛上的一些人为春的消逝而感到忧伤的时候，王维对此却不以为怀。这不是佛禅的寂灭，而是道家的自然，自

王维写意画《江干雪霁图卷》

①见《赠李颀》。

然即美。就像庄子所说的："天地有美而不言，四时有明法而不议，万物有成理而不说。圣人者，原天地之美，而达万物之理，是故圣人无为。""朴素而天下莫能与之争美"，朴素而未经雕饰的自然之美，是美的极致，王维的山水诗之所以美，就在于他追求自然之美。李白不是也说过：美就是"清水出芙蓉，天然去雕饰"吗？

王维的山水诗在空明、宁静的境界中，表现出一种超然物外、心与物化的逸情。他喜欢用"空"、"静"、"独"、"闲"，寓示他回归自然后所得到的精神慰藉和享受。"空"、"静"、"闲"都好理解。而"独"并非孤独，而是澄怀净虑。他在《竹里馆》诗中写道："独坐幽篁里，弹琴复长啸。深林人不知，明月来相照。"体现了一种人性的自然。再如"空山新雨后"、"空山不见人"等，我们能感受到的是空明透澈，而不是冷寂幽独。当然，有时他也有一丝淡淡的忧思。比如《山居即事》中的"寂寞掩柴扉，苍茫对落晖"。诗人远离尘嚣，幽居于终南山，把一己之躯置身于空旷的山水林泉之间，让自己暂时忘却尘世的喧嚣与骚动，找到了一个"静"、"寂"的空间。山水林泉在王维的笔下是自然、惬意、美好的，他的心情也因此而恬静、安适。他的亦官亦隐实际上是一种动与静的置换，也合乎道家思想。

田园乡情，自然山水，是诗人王维由衷向往的净地，这种隐逸情怀的根源在于诗人所受道家顺应自然思想的影响。老子的无欲、恬淡，庄子的逍遥和畅想最终使他在平和安逸的田园生活里获得了对自然的独到的体悟。

王维的思想，兼有儒释道三家，皆因中国古代儒释道三教相互融合，相互渗透，在华夏大地上共存千年，各派思想之间互为渊源，因此，向来便很难说某人主要是受到哪一宗教或派别的影响。而这其中，道家为中国土生土长的宗教，其体现的心性论符合中国人的思维方式。佛教传入中国，其也可说经过了道家思想的改良，其禁欲的部分得以淡

化，注重心性的部分得以加强。从这个意义上说，受佛家思想影响的文人，在更深层次上，大多也受着道家思想的浸染。

李商隐的情缘与道缘

在唐代诗人中，晚唐的李商隐历来被视为有唐一代最为感伤的诗人。这个论断固然没有置疑之处，但李商隐为什么如此感伤，甚至有话不敢明言，只好在无题诗中吞吞吐吐、欲言而止呢？ 说简单一点，这和他年轻时候在王屋山下的玉阳山短暂的学道经历有着密切关系。

李商隐

王屋山是唐代河东地区著名的道家圣地。许多有名的道士都有在王屋山习道的经历。玉谿是王屋山的一条山谷，距离李商隐的家乡怀州不远。这里山清水秀，环境优美，所以李商隐便在玉谿找了个地方住下来习道。离玉谿不远处有一座道观，里面有两位从皇宫中来此学道的宫女，人称宋华阳姐妹。李商隐有时也去她俩的道观走走，不知不觉中和这姐妹俩擦出了情感的火花。后来，李商隐的诗文尤其是骈体文深得天平军节度使令狐楚的赏识，所以他就把李商隐辟为自己的幕僚。就这样，李商隐离开了玉谿。时隔不久，宋华阳姐妹也离开王屋山的道观，回到了长安。李商隐中进士后在长安等待授官期间，和宋华阳姐妹还秘密来往过。由于宋华阳姐妹身份特殊，所以，他和这两位女冠子的这段情感经历是不能公开的秘密。后来他又娶了泾原节度使王茂元的女儿。王茂元在朝廷中也算得上是有实力的人物，人家器重他，把女儿嫁给他，对于没有任何社会背景的李商隐来说，就应该在男女关系上心无旁骛。但李商隐的心中始终抹不去宋华阳姐妹的倩影，话又不能明说，只好大量地借助于道家的仙道故事旁敲侧击，写了一些只有他自己才知道底细的无题诗。比如《无题》："来时空言去无踪，月斜楼上五更钟。梦为远别啼难唤，书被催成墨未浓。蜡照半笼金翡翠，麝熏微度绣芙蓉。刘郎已恨蓬山远，更隔蓬山一万重。"

就开头一句，说明他和女方还是有过约会，只是次数极少，临别时，对方说她还会再来，结果"还来"成了空话，而"一去"则是无影无踪。诗人自己却是天天从月上楼头等到明月西沉。尤其是结尾一联，李商隐用了道家的一个神话传说。东汉末年，住在天台山下的两个小伙子阮肇、刘晨相约到山中采药，结果迷了路。他俩沿着一条小溪寻找回家的路时，不知不觉走进一片桃花林，看见两个姑娘在溪边洗衣服。他俩说明缘由，姑娘邀请他俩先到家里做客。两个人就跟着到了姑娘家。结果一住就是半年。两个人觉得该回家了，就向那两个姑娘告别。回到村里，人事皆非。好不容易凭着记忆找到自己的家，看见堂屋正面的桌子上供奉着自己的牌位，一个白发苍苍的老者竟然是他的五代孙，而他们却依旧年轻。他们恍然大悟，知道自己遇见了神仙。于是两人离开家，又到山里去寻那两个姑娘，结果连路都找不着了。这在道家的仙道故事中，算得上是第一个人神恋爱的故事。在道教故事中，桃花源就成了类似于西方的伊甸园的地方，青年男女可以在那里尽情地享受爱的欢乐。李商隐用这个道家故事，隐晦地告诉人们：他所依恋的女子和道教有关。诗中的刘郎指刘晨，而蓬山是指海上的蓬莱仙岛。最后一句则是说他自己和那思恋的姑娘之间更其遥远。这里的蓬山则是暗示他所爱慕的女子生活在皇宫中。

在道家的神仙境界，桃花成为专用意象。而道家的桃花源和陶渊明的世外桃源完全是两回事。

另一首《无题》："相见时难别亦难，东风无力百花残。春蚕到

89

死丝方尽，蜡炬成灰泪始干。晓镜但愁云鬓改，夜吟应觉月光寒。蓬山此去无多路，青鸟殷勤为探看。"不仅用了蓬山，而且又用了西王母的传信使者青鸟。从传信的角度讲，作者完全可以用"鸿雁传书"，或者"鲤鱼传书"等，但作者仍用了和道家有关系的两个典故，这说明李商隐和宋华阳姐妹的那段情缘并非空穴来风。

有人认为李商隐的无题诗是和政治人事有关。理由是：李商隐是朝廷权臣令狐楚一手培养起来的，连他能考中进士都是令狐楚向主持进士考试的高锴反复推荐的结果。李商隐中进士后，娶了泾源节度使王茂元的女儿。令狐楚在政治派别上属于牛党，而王茂元被认为是李党，李商隐这样做，是背恩。所以，后来令狐楚的儿子令狐绹执政后就排斥李商隐。李商隐很苦恼，就用无题诗的方式向令狐绹表白，希望对方谅解自己。其实，王茂元根本不是李党，所以，也就不存在背恩一说。再说令狐绹执政时期，李商隐也不是朝廷官员，所以就不存在遭排斥的事。而且，李商隐也曾直言不讳地给令狐绹上过诗，如《寄令狐郎中》："嵩云秦树久离居，双鲤迢迢一纸书。休问梁园旧宾客，茂陵秋雨病相如。"作者不仅在诗中提到了两人有通信往来，而且用了"鲤鱼传书"的典故，根本没有用男女私情隐喻上下级关系。再说，世上最难言传者莫过于男女私情，这就使得李商隐在写到他的婚外情的时候，不能不云里来雾里去，让局外人摸不着头脑。有时候，他和意中人近在咫尺，却是可望而不可即，比如《无题二首》其一："昨夜星辰昨夜风，画楼西畔桂堂东。身无彩凤双飞翼，心有灵犀一点通。隔座送钩春酒暖，分曹射覆蜡灯红。嗟余听鼓应官去，走马兰台类转蓬。"需要指出的是，在道家的文化意象中，龙凤是一对非常暧昧的阴阳组合。李商隐在这首诗中用到了道家的文化意象——彩凤，显然是指那位和他关系密切的女子。

在李商隐的无题诗中，《无题二首》还算得上是意境比较明晰的。而《碧城三首》的意境就极其朦胧。如第一首："碧城十二曲栏杆，犀辟尘埃玉辟寒。阆苑有书多附鹤，女床无树不栖鸾。星沉海底当窗见，雨过河源隔座看。若是晓珠明又定，一生长对水晶盘。"这首诗一开头所说的"碧城"是道教所崇奉的元始天尊居住的地方。所谓"十二曲栏杆"是指十二城。《十洲记》中说，道家的仙界昆仑山上有十二座玉楼供神仙们居住。"犀辟尘埃"也是道家的传说。据《述异记》记载，海兽尘犀的角能避尘。女子常常用来做簪、梳，戴在头上，头发就不落灰尘。"阆苑"是西王母住的地方。那里养着许多鹤，用来给神仙传信。从这一句可以看出，偶尔给李商隐传递消息的是皇宫中的宫女。女床，即女床山，也是神仙们居住的神山。"无树不栖鸾"是说女床山的树上都栖息着鸾鸟。"女床无树不栖鸾"这一句大有深意。在道家的文化意象中，龙凤并称时，龙为阳，凤为阴。如果鸾凤并称，那么凤为阳，鸾为阴。女床山上到处都栖息着鸾鸟，隐喻那里全是女子。而作者心仪已久的女子就是那众多女子中的一个。这个地方，除了皇宫，还能是哪里呢？"星沉"二句，写在仙界所看到的尘世景象。晓珠，太阳的别称。其实，诗的结尾是写被深深禁闭在皇宫中那位女子常常思念处身尘世的诗人。有人说这一首是讽刺唐武宗李炎求仙的，恐怕未必。因为李商隐对已经作古的皇帝一般是不掩饰其过的。而且以"碧城"为题一共写了三首，这在李商隐诗作中很少见。唐玄宗那么有作为的皇帝，李商隐也不过写了《马嵬二首》。即便是写唐武宗宠信道士赵归真，也只是个幌子。不能把李商隐吐露自己心声的诗混入政治意识很强的讽刺诗，仿佛不写政治，就不是优秀诗人。把李商隐的艳情诗进行政治解读，不仅破坏了李商隐诗歌的美感，而且对李商隐的人格也是一种无形的贬低。

李商隐和女冠子的不解之缘使得他对道家和道教有了深切的了解。但这并不代表他完全皈依了道教。他有一首《汉宫词》是这样写的："青雀西飞竟未回，君王长在集灵台。侍臣纵有相如渴，不赐金茎露一杯。"诗讽刺的是汉武帝。他整天盼望成仙，盼望西王母能给他送来成仙的消息。但是，传递消息的青鸟一去不复返。害得汉武帝天天站在集灵台上引领张望。看来汉武帝只关心神仙，根本不关心臣下的疾苦。作者举了一个例子：哪怕侍臣像司马相如那样，得了糖尿病，汉武帝也不会给你赏赐一杯仙露。

再如《无题》："紫府仙人号宝灯，云浆未饮结成冰。如何雪月交光夜，更在瑶台十二层。"这首诗显然是在讽刺灭佛崇道的唐武宗李炎的。但是，作者却不直接把批评的矛头对准唐武宗，而是抬出已经死了的唐宪宗，写他号称一代英主，却像汉武帝那样，迷信仙道，服食金丹。结果变得脾气暴躁，喜怒无常，惨遭杀害。然后诗人才说为何现在还有人月夜登上望仙台期求升仙？

借汉武帝讽刺唐武宗的诗还有《汉宫》："通灵夜醮达清晨，承露盘晞甲帐春。王母不来方朔去，更须重见李夫人。"一句话，在李商隐看来：求仙访道，祈求长生不老，到头来都是一场空。就像汉武帝那样通宵达旦地拜神，太阳一出来，承露盘中的露水就干了。西王母始终也没有盼来，东方朔又不知去向。这最后一句的讽刺尤为辛辣：既希望自己成仙成神，又忘不了美丽的李夫人，还得请方士来为李夫人招魂。岂不是前功尽弃！既然不能成仙，那就只好去拜鬼。这种愤激，实际上反映了作者内心的迷茫和痛苦。因为神仙是不眷恋女色的，眷恋女色者，也就成不了神仙。就像他在《华岳下题西王母庙》所说的："神仙有分岂关情？八马虚追落日行。莫恨名姬中夜没，君王犹自不长生。"首句意思是说：如果你有缘分成为神仙的话，那就不要再留恋人间的男女私情了。紧接着第二句说：遗憾的是周穆王驾八骏西游昆仑、拜见王母的途中又接受了盛君所献的美女。他追日行的目的便落空了。更令其伤心的是，盛姬在半道上死了。后来，穆王自己也没有长生不老。而在《华山题王母庙》中，李商隐就直言不讳的告诫求仙访道的人：神仙之事，实为渺茫："莲花峰下锁雕梁，此去瑶池地共长。好为麻姑到东海，劝栽黄竹莫栽桑。"在这类诗中，别的诗人都是自己站出来发议论，而李商隐则是让神仙给神仙捎话：西王母你要是到了东海，请告诉麻姑，还是多栽黄竹，不要栽桑。为什么呢？周穆王听到《黄竹歌》，还能想起老百姓的饥寒。如果栽桑，谁能知道桑田什么时候就变成了沧海？言外之意就说神仙是茫然不可求的。

尽管如此，尘世间的人还是盼望自己能成为神仙。那么，成了仙的人是不是就无忧无虑了呢？李商隐认为：未必！他在《嫦娥》一诗中就这样说："云母屏风烛影深，长河渐落晓星沉。嫦娥应悔偷灵药，碧海青天夜夜心。"做了神仙，反而思念尘凡世界。看来神仙也有感到孤独的时候。如果用这首诗来观照现实的话，李商隐对道观中的女冠子还是充满了同情之心。这也是他怀恋宋华阳姐妹的最好证明。

李商隐有个同学，姓彭，在科场屡遭不顺的情况下，出家当了道士，后来因故受到处罚。李商隐写了一首《同学彭道士参寥》："莫羡仙家有上真，仙家暂谪亦千春。月中桂树高多少？试问西河斫树人。"有人说，这是李商隐为感叹自己仕途坎坷而作。未必成理。他有一首《安定城楼》，在写到自己仕途不顺时就直言不讳地说："不知腐鼠成滋味，猜意鹓雏竟未休"。他用了《庄子》上的一个寓言故事：施惠辅佐梁王，听说庄子到梁国来了，总担心庄子抢了他的位置。庄子知道后，就去见施惠，对他说：凤凰吃竹子结的果实，喝清净的泉水，从来不会把死老鼠当做美味佳肴的。言外之意是把施惠所处的地位比作死老鼠，劝他不要猜忌自己。所以，李商隐写给彭道士的这首诗只是委婉地批评他不该学道（尽管他自己也学过道）。而且说，仙家的处罚比尘凡世界的处罚更严厉。如果不信，你去问问西河的吴刚，他到是成了神仙，后来犯了错误，被罚到月宫中去砍桂树。斧头砍下去的豁口，随砍随合，一辈子都砍不倒。看起来是个小处分，但是动辄就是千年。虽然带有几分嘲弄色彩，但至少说明李商隐对于追求仙道是持怀疑态度的。

李商隐的无题诗是在无可奈何的境况下写成的。当这种隐讳曲折的无题诗写到一定程度时，连作者自己都感到有些徒劳无益费精神了，所以，干脆打开窗子说亮话。于是，他写了一首《月夜重寄宋华阳姊妹》："偷桃窃药事难兼，十二城中锁彩蟾。应共三英同夜赏，玉楼仍是水精帘。"偷桃，指尘世间的男女情爱。窃药，用嫦娥偷吃长生药而升上月宫比喻宋华阳姊妹入道。既要谈情说爱，做一个有七情六欲的凡人，又入道学仙，这种好事是不能兼而有之的。这可以说是李商隐对宋华阳姊妹最真切的劝谕。也可以说是对这段时断时续的情缘画了一个最直白的句号。

通过上面的一些诗，我们可以看出，李商隐的道家情结完全是纠缠在和宋华阳姐妹的情感纠葛上。他对老庄思想的体认远不如白居易深刻。但是，有人就编造了一个荒诞不经的故事：说白居易退休以后，很喜欢年轻的李商隐的文章，曾经对人说："我死了以后，能托生给李商隐当儿子，我都不觉得羞辱。"白居易死后不久，李商隐的夫人果然生了一个男孩，取名白老。长大后，很愚钝。温庭筠见了，对他说："你是白居易的后身，这不丢人吗？"后来，李商隐的夫人又生了一个男孩，取名衮师。这个孩子异常聪明。李商隐很自豪地说："衮师我骄儿，英秀乃无比。"于是有人又说：这个孩子才是白居易托生的。这种轮回托生之说，是佛家的观念，和道家没有任何关系。

道教名山胜景以及美丽的神话，引起诗人李商隐的极大兴趣，致使他在诗作中大量运用具有道教特色的意象、典故，丰富了诗的想象和表现方式，开拓了诗的意境，增强了色彩的变幻，同时也为诗歌带来了一种哀怨和低迷的情调以及隐晦曲折的特点，形成他朦胧而幽僻的独特诗风。

肆

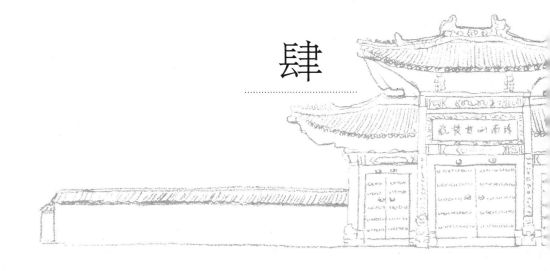

仙道文化与《长恨歌》

华清池《长恨歌》

游仙从终南山出发

在中国古代诗歌领域，道与仙的融合尽管不是老子的本体思想，但是，作为一种审美情趣，道与仙的融合则体现了创作主体的精神追求，以及在这种追求中所寄托的对社会或者对人生的美好愿望。

道家文化中，从周穆王驾八骏西游受到西王母的盛情接待，到屈原的九歌，再到晋代郭璞的游仙诗、唐代李白的求仙访道诗，以仙道融合为审美特征的诗歌历久不衰，成为和以小雅为代表的写实派诗歌并驾齐驱的诗歌艺术流派。

现实的不幸常常促使文人把美好的愿望寄托在神仙世界。诞生于周
至楼观台附近的《长恨歌》可以说是最优秀的经典作品：

汉皇重色思倾国，御宇多年求不得。

杨家有女初长成，养在深闺人未识。

天生丽质难自弃，一朝选在君王侧。

回眸一笑百媚生，六宫粉黛无颜色。

春寒赐浴华清池，温泉水滑洗凝脂。

侍儿扶起娇无力，始是新承恩泽时。

云鬓花颜金步摇，芙蓉帐暖度春宵。

春宵苦短日高起，从此君王不早朝。

承欢侍宴无闲暇，春从春游夜专夜。

后宫佳丽三千人，三千宠爱在一身。

金屋妆成娇侍夜，玉楼宴罢醉和春。

姊妹弟兄皆列土，可怜光彩生门户。

遂令天下父母心，不重生男重生女。

骊宫高处入青云，仙乐风飘处处闻。

缓歌慢舞凝丝竹，尽日君王看不足。

渔阳鼙鼓动地来，惊破霓裳羽衣曲。

九重城阙烟尘生，千乘万骑西南行。

翠华摇摇行复止，西出都门百余里。

六军不发无奈何，宛转娥眉马前死。

花钿委地无人收，翠翘金雀玉搔头。

君王掩面救不得，回看血泪相和流。

黄埃散漫风萧索，云栈萦纡登剑阁。

峨眉山下少人行，旌旗无光日色薄。

蜀江水碧蜀山青，圣主朝朝暮暮情。

行宫见月伤心色，夜雨闻铃肠断声。
天旋日转回龙驭，到此踌躇不能去。
马嵬坡下泥土中，不见玉颜空死处。
君臣相顾尽沾衣，东望都门信马归。
归来池苑皆依旧，太液芙蓉未央柳。
芙蓉如面柳如眉，对此如何不泪垂？
春风桃李花开日，秋雨梧桐叶落时。
西宫南苑多秋草，宫叶满阶红不扫。
梨园弟子白发新，椒房阿监青娥老。
夕殿萤飞思悄然，孤灯挑尽未成眠。
迟迟钟鼓初长夜，耿耿星河欲曙天。
鸳鸯瓦冷霜华重，翡翠衾寒谁与共？
悠悠生死别经年，魂魄不曾来入梦。
临邛道士鸿都客，能以精诚致魂魄。
为感君王辗转思，遂教方士殷勤觅。
排空驭气奔如电，升天入地求之遍。
上穷碧落下黄泉，两处茫茫皆不见。
忽闻海上有仙山，山在虚无缥缈间。
楼阁玲珑五云起，其中绰约多仙子。
中有一人字太真，雪肤花貌参差是。
金阙西厢叩玉扃，转教小玉报双成。
闻道汉家天子使，九华帐里梦魂惊。
揽衣推枕起徘徊，珠箔银屏迤逦开。
云鬓半偏新睡觉，花冠不整下堂来。
风吹仙袂飘飘举，犹似霓裳羽衣舞。
玉容寂寞泪阑干，梨花一枝春带雨。
含情凝睇谢君王，一别音容两茫茫。

昭阳殿里恩爱绝，蓬莱宫中日月长。

回头下望人寰处，不见长安见尘雾。

惟将旧物表深情，钿合金钗寄将去。

钗留一股合一扇，钗擘黄金合分钿。

但令心似金钿坚，天上人间会相见。

临别殷勤重寄词，词中有誓两心知。

七月七日长生殿，夜半无人私语时。

在天愿为比翼鸟，在地愿为连理枝。

天长地久有时尽，此恨绵绵无绝期。

在《长恨歌》问世之前，中国古代爱情诗歌的主人公都是社会下层的才子佳人。而白居易却打破这一传统，在《长恨歌》中，把至尊至贵的帝王和后妃作为爱情悲剧的主角，从而把古代爱情诗推向后人无法超越的高度。

《长恨歌》诞生于周至，这绝不是一个地域的巧合，而是有着深厚的地域文化渊源。

佛道合一的仙游寺

白居易创作《长恨歌》时，刚从朝廷校书郎调到周至县担任县尉。那么，为什么会在这时产生《长恨歌》呢？白居易的好朋友陈鸿在他的《长恨歌传》中交代得非常清楚。

元和元年冬十二月，太原白乐天自校书郎尉于盩厔。鸿与琅琊王质夫家于是邑。暇日相携游仙游寺，话及此事①，相与感叹。质夫举酒于乐天前曰："夫希代之事，非遇出世之才润色之，则与时消没，不闻于世。乐天深于诗，多于情者也，试为歌之，如何？"乐天因为《长恨歌》。意者不但感其事，亦欲惩尤物，窒乱阶，垂于将来者也。

①指杨贵妃与唐玄宗的故事。

仙游寺远景

    从这段话可以看出：写作《长恨歌》的动议是在陈鸿、王质夫、白居易结伴游览仙游寺时由王质夫提出来的。时间是唐宪宗元和元年冬十二月，即公元806年。

    仙游寺在周至县城南的终南山上、黑水河边。站在仙游寺，向北眺望，正好是兴平的马嵬驿。而这一年，恰好是马嵬事变发生五十周年。

    这座寺院为什么叫仙游寺呢？

    据明朝户县人王九思的《游终南山记》记载：仙游寺山门的榜额上题有"普缘"二字。普缘，显然是佛教的说法。在唐人的诗文中，还没有见到"普缘"这个提法，显然是唐以后、甚至是宋元以后才出现的。而王九思所说的此地原有仙游宫，则应该是隋唐时就有的。因而后来就给佛寺取名仙游寺。仙游寺四面环山，黑河水从寺门前流过。寺内有唐代著名画家吴道子画的一些佛像画。在另一篇《游南山记》中，王九思说楼观有紫云楼，楼高两层，其上层有玉皇像。那显然是

元代人的杰作。

根据现有的资料，仙游寺建于隋朝初期。是隋文帝为了报答佛对他的保佑而建立的。"仙游"，就是游仙，富有浓厚的道教色彩。而"寺"却是指佛教的寺院。所以，从寺院的名字上看，它是佛教寺院，却具有浓厚道家色彩，把佛、道两家融合在了一起。这在中国古代宗教文化史上很少见。

为什么会出现这一现象呢？原因就在于这座佛教寺院建立在曾经发生过道家所说的升仙故事的地方。这就是王九思所说的"仙游宫"。在仙游寺取名的背后就已经隐藏着一个由来已久的爱情悲剧故事。秦穆公有个女儿，名叫弄玉，她爱上一个自称萧史的小伙子。从身份上说，弄玉身份高贵，是公主；而萧史只不过是一个地位低微的小吏。萧史，并不是说他姓萧，名史，而是表示他的爱好和身份。春秋战国时，人们把从事文秘的人称史；萧，是说这个小伙子萧吹得好。弄玉就是因为这一点才看上了他。春秋战国时期，婚姻是附属于政治的一种异性结合，诸侯国之间的联姻也都是出于政治目的。弄玉是秦穆公的女儿，而萧史的社会地位又很低微，秦穆公不可能同意这门婚事。但两个人又爱得很深，无法分离。久而久之，这一对年轻人便走了极端：他们相约来到终南山上，拥抱着跳下悬崖自杀了。传说中萧史和弄玉"乘鹤游仙"，大概是他俩跳下悬崖时惊得栖息在山间树枝上的白鹤满天乱飞，加之人们从此以后再也没有看见这一对年轻人，就说他俩乘鹤游仙去了。直到现在，关中农家在办丧事时，常常说老人作古是"驾鹤西游"，恐怕就与此有关。不过，"驾鹤西游"的"西游"则是指到佛教所说的"西方极乐世界"。可见，作为非物质文化遗产的这一民间习俗就是源于这对青年男女的人生悲剧。

不过，当年弄玉和萧史在殉情前还是比较浪漫的：萧史站在悬崖上最后一次给弄玉吹了一通萧，然后才和弄玉一起纵身跳下悬崖。

仙游寺塔

诗
人
的
楼观情结

　　而萧史和弄玉殉情的故事，在《列仙传》中则完全是另一种结局：萧史者，秦穆公时人也。善吹箫，能致孔雀、白鹤于庭。穆公有女字弄玉，好之。公遂以女妻焉。日教弄玉作凤鸣。居数年，凤凰来至其屋。公为作凤台，夫妇至其上，不下数年。一旦，皆随凤凰飞去。

　　在中国传统文化观念中，人们总是要淡化现实生活中扼杀人性的悲剧所包含的不人道色彩，从而使它变得富有人情味。萧史和弄玉的爱情悲剧恰恰就被做了这样的技术处理。

　　盛唐诗人岑参和他的弟弟岑佐曾经在户县城外有自己的别业。两个人喜欢寻幽探胜，所以杜甫在游户县美陂时说"岑参兄弟皆好奇"。有时，他俩结伴出游，还在仙游寺住过。

　　岑参就有一首《冬夜宿仙游寺南凉堂》："太乙连太白，两山知几重。路盘石门窄，匹马行才通。日西到山寺，林下逢支公。昨夜山北时，星星闻此钟。秦女去已久，仙台在中峰。箫声不可闻，此地留

103

遗踪。石潭积黛色，每岁投金龙。乱流争迅湍，喷薄如雷风。夜来闻清磬，月出苍山空。空山满清光，水树相玲珑。回廊映密竹，秋殿隐深松。灯影落前溪，夜宿水声中。爱兹林恋好，结宇向溪东。相识唯山僧，邻家一钓翁。林晚栗初折，枝寒梨已红。物幽兴已惬，事盛趣弥浓。愿谢区中缘，永依金人宫。寄报乘辇客，簪裾尔何容。"

诗中写了发生在这里的神话故事以及萧史和弄玉留下的"升仙台"，尤其是唐人每年向仙游潭里投掷金龙，期望风调雨顺，五谷丰登。这在唐代诗人笔下屡屡出现，而岑参恐怕是第一个在诗中写到这个民俗的。和其他诗人一样，岑参也被仙游、楼观一带的美景深深吸引，甚至产生了"愿谢区中缘，永依金人宫"——我不想再在尘世徘徊了，我要到这里来隐居。但他只不过是说说而已，并没有真的到这里来做一个与世隔绝的隐士。

白居易也不止一次地在仙游寺住过，他在《仙游寺独宿》诗中说："沙鹤上阶立，潭月当户开。此中留我宿，两夜不能回。幸与静境遇，喜无归侣催。从今独游后，不拟共人来。"

白居易和朋友游览仙游寺，首先想到的是萧史和弄玉的爱情悲剧。而仙游寺在终南山北麓的半山腰上，从这里向北眺望，就可以看见五十年前发生"马嵬事变"的马嵬驿。看见马嵬驿，自然会想到唐玄宗和杨贵妃生离死别的悲剧。这就是陈鸿在他的《长恨歌传》中所说的"话及此事，相与感叹"。

可以说：仙游寺的文化积淀触动了痴心修道的王质夫。于是，他就借敬酒提出要白居易把唐玄宗和杨贵妃的故事用诗歌的形式记录下来，不然的话，随着时间的推移，他们的悲剧故事就会在人们的记忆中消失。因此，在仙游寺这个特殊的地方，产生了创作表现唐玄宗和杨贵妃人生悲剧作品的动议，这是一种具有相同命运结局的故事相互撞击后产生的灵感，而不纯粹是一种地域的巧合。

写李杨故事非白居易莫属

那么，为什么要白居易写呢

陈鸿说："夫希代之事，非遇出世之才润色之，则与时消没，不闻于世。乐天深于诗，多于情者也，试为歌之，如何？"很明显，三个人中，唯有白居易最适合写。一、他才华出众（出世之才）；二、他很会写诗（深于诗）；三、他感情丰富（多于情）。在这三条中，第三点最重要。一个没有感情的人，或者说感情不丰富的人，是写不出能够深深打动人心的作品的！

还有一点，很值得重视。那就是对唐玄宗和杨贵妃的人生悲剧要进行"润色"。从《长恨歌》的文本本身以及唐玄宗和杨贵妃之间的故事的历史真相对比来看，所谓"润色"绝不仅仅是一个艺术加工和艺术虚构的问题！说得简单一点，那就是白居易在表现两个人的悲剧结局时，加入了浓厚的道家文化因素。仅此一点，在白居易之前和以后很长一段时间里是绝无仅有的。

所以，以游览发生过爱情悲剧的仙游寺为契机，在王质夫的倡议和陈鸿的鼓动下，白居易接受了王质夫的请求。大概在他们这次聚会后不久，以唐玄宗和杨贵妃的爱情悲剧为题材的长篇七言歌行《长恨歌》就问世了。多年之后，白居易对自己能创作出这样的作品还是感到很自豪。他曾经在编完自己的诗集后题诗说："一篇《长恨》有风情！"就连唐宣宗也被白居易的《长恨歌》深深打动了。他在《吊白居易》一诗中写道："缀玉联珠六十年，谁教冥路作诗仙。浮云不系名居易，造化无为字乐天。童子解吟长恨曲，胡儿能唱琵琶篇。文章已满行人耳，一度思卿一怆然。"白居易的诗未必全是"缀玉联珠"的佳作，但用这四个字评价《长恨歌》却是当之无愧的。为什么？因为它以男女之间的"风情"，千百年来打动了亿万读者。

这种感人的艺术效应，源自白居易的情感世界

白居易创作《长恨歌》的时候，已经三十五岁了，但他还没有结婚。这在唐代诗人中是极其少见的。对此，他有时候也自我调侃，比如他在《戏题新栽蔷薇》中就说："少府无妻春寂寞，花开将尔当夫人。"然而，《长恨歌》在写到唐玄宗和杨贵妃天人相隔、互相思念时，那种感人肺腑的情感体验可以说是催人泪下！使人不能不为之动容。

唐玄宗和杨玉环

从《长恨歌》的结构看，从"君王掩面救不得，回看血泪相和流"开始，直到诗的结尾，诗人把读者带进了唐玄宗和杨玉环的情感世界。这样的描写，几乎占了《长恨歌》三分之二的篇幅。而这一部分，也是《长恨歌》最为精彩的部分。

在《长恨歌》中，正是这一部分，恰恰体现了白居易"多于情"的精神境界。然而，在这"多于情"的背后，隐含着白居易个人难以言传的情愫。他把这种情愫正好借写唐玄宗和杨玉环天人相隔的悲剧遭遇而发展出来。

白居易为什么结婚很晚

白居易三十五岁还没有结婚，为什么？因为在情场上白居易是个失意者。他年轻时非常爱慕邻家的一位名叫湘灵的姑娘。湘灵姑娘长得很漂亮，白居易有一首《邻女》，大概就是写湘灵的："娉婷十五胜天仙，白日恒娥旱地莲。何处闲教鹦鹉语，碧纱窗下绣床前。"即便这首诗不是写湘灵，那也寄托着诗人对湘灵的一片真切的怀念。他后来为考进士到了长安，因为种种原因未能和湘灵结成眷属。但他不时怀念起对方，而且把这种感情诉诸诗篇，如《冬至夜怀湘灵》："艳质无由见，寒衾不可亲。何堪最长夜，俱作独眠人。"从思念对方的角度看，白居易可以说对自己的感情毫无遮掩，甚至于有些凄艳的味道。可以毫不夸张地说：《长恨歌》中关于对唐玄宗返回长安后孤枕难眠的描写①几乎就是这首诗的翻版和情感再现。白居易另一首《寄湘灵》："泪眼凌寒冻不流，每经高处即回头。遥知别后西楼上，应凭栏杆独自愁。"俗话说"男儿有泪不轻弹"，但是，男儿到了极度伤心时也会落泪的，这就是另一种说法："有泪未必不丈夫！"因为人毕竟是有感情的。白居易人在京城，却时时怀念远在符离的湘灵。这种感情又深深地埋藏在心灵深处，要想发泄出来，要么付诸诗篇，就像他写的这两首诗；要么，借他人之酒，浇自己的块垒。所以，在写《长恨歌》时，他恰好借措写李杨之间的思念之情，把埋藏在心灵深处的思念之情和盘托出，从而使得《长恨歌》具有更加感人的艺术魅力。没有自己心灵深处的痛苦体验，是写不出感人至深的艺术作品的。

我们再看看白居易关于独眠的描写。《独眠吟二首》其一："夜长无睡起阶前，寥落星河欲曙天。十五年来明月夜，何曾一夜不孤眠？"诗的前两句"夜长无睡起阶前，寥落星河欲曙天"所描绘的境界在《长恨歌》中也出现了。唐玄宗回到长安后，被软禁在兴庆宫。秋雨梧桐之夜，辗转难眠，诗人是这样描写的："夕殿萤飞思悄然，孤灯挑尽未成眠。迟迟钟鼓初长夜，耿耿星河欲曙天。"后两句很值得玩味："十五年来明月夜，何曾一夜不孤眠？"白居易是十六岁离开符离到长安的，再加十五年，他三十一岁。这期间，他回过一次符离，但很快就又回到长安，参加"书判拔萃科"考试。试考完了，内心却一片空白。这就有

---

① 即"夕殿萤飞思悄然，孤灯挑尽未成眠。迟迟钟鼓初长夜，耿耿星河欲曙天。鸳鸯瓦冷霜华重，翡翠衾寒谁与共"。

了"十五年来常孤眠"的人生感叹。

第二首："独眠客夜夜，可怜长寂寂。就中今夜最愁人，凉月清风满床席。"前一首着重写孤眠，这一首侧重写孤眠的内心感受。"凉月清风"之夜，床席冰冷。这是诗人最难受的。《长恨歌》中"鸳鸯瓦冷霜华重，翡翠衾寒谁与共"可以说是"凉月清风满床席"的翻版。

而另一首《秋夜房》的环境描写与《长恨歌》中"孤灯挑尽未成眠"有着异曲同工之妙："云露青天月漏光，中庭久立却归房。水窗席冷未能卧，挑尽残灯秋夜长。"

从上面所举的几首诗可以看出，白居易在《长恨歌》中凡是写到唐玄宗对杨玉环的思念时，几乎都把自己对湘灵的怀念之情倾注在所塑造的抒情主人公身上。甚至可以说，在《长恨歌》的感情世界里，白居易已经不是局外人。

白居易在周至这个充满了道家文化氛围的地方创作《长恨歌》，不能不受到道家文化的深刻影响。在《长恨歌》的后半部分，即对临邛道士寻觅杨玉环的描写就是道家仙道文化的充分体现。

马嵬事变中，杨贵妃被赐死。这是人所共知的历史事实。一年后，郭子仪率领唐王朝的军队收复长安后，唐玄宗从成都返回长安途中，在马嵬驿稍作停留，祭奠了杨贵妃。李杨之间的悲剧到此应该说画上了一个句号。

杨贵妃墓（日本 足立喜六 1907年摄）

然而，本来已经结束了的李杨之间的故事，在唐玄宗返回长安才算是进入了《长恨歌》的情感高潮，这个高潮的起点就是临邛道士为唐玄宗寻觅升仙后的杨玉环。

这段关于仙、道的描写，

共四十句，在《长恨歌》中占了三分之一的篇幅。

在现实生活中，尽管白居易也信仰道家思想。但是，他对人们企慕得道成仙、追求长生不老却持批判态度。他在《海漫漫》诗中就说：秦始皇、汉武帝、唐玄宗都是喜欢神仙和追求长生的皇帝，但是，"君看骊山顶上茂陵头，毕竟悲风吹蔓草。何况玄元圣祖五千言，不言药，不言仙，不言白日升青天"。这就是说：服药、求仙、白日升天，这些都不符合老子思想的本意。但有时候，白居易对神仙、服药也很矛盾。在《寻王道士药堂因有题赠》一诗中，他就说："常悲东郭千家冢，欲乞西山五色丸。但恐长生须有籍，仙台试为检名看。"所谓去"仙台检名"，实际上就是看上天是如何安排的。他把一切又都归于天意。

当然，在现实社会中遭受了挫折后，白居易有时也自我调侃，说他也要摆脱红尘的束缚，寻觅获取长生的药。比如在《酬赠李炼师见招》中，他就说："曾犯龙鳞容不死，欲骑鹤背觅长生。"这是他被贬为江州司马后在九江写的。其实，在武元衡事件中，他虽然犯颜敢谏，也还没有严重到要被判死刑的地步。所谓"欲骑鹤背觅长生"只不过是为了迎合李炼师而已。不过，从白居易的诗中我们可以明白一个道理：唐代文人对道家或道教的接受常常是在经受了现实的折磨后想在老子那里获取一点精神的安慰罢了，并不表示他们真的要身穿道袍、手持羽扇去做道士。

白居易对现实更多的是采取不恋不厌的无为态度。就像他在《逍遥咏》中所写的："亦莫恋此身，亦莫厌此身。此身何足恋？万劫烦恼根。此身何足厌？一聚虚空尘。无恋亦无厌，始是逍遥人。"无欲无求、不离不弃、无为、无不为，这就是白居易对老子思想的接受。

既然寻觅得道成仙的人生最高境界不符合老子的思想，那么，白居易在《长恨歌》中为什么用了三分之一的篇幅来描写人神之间的相爱？也就是说，在艺术创作中，白居易为什么要用神仙境界给唐玄宗和杨贵妃创造了一个安慰他的寂寞灵魂的艺术天地？

　　在白居易之前，唐诗中还没有像《长恨歌》这样的诗篇出现。但在唐传奇中，类似的作品有武则天时的文人张文成创作的《游仙窟》。不过，《游仙窟》明显地带有文人狎妓色彩。所谓仙窟，实际上就是妓馆之类的色情场所。作品问世之后，颇受非议，且流传不广，甚至匿迹。直到清朝末年才从日本传回国内。

　　然而，《长恨歌》就不一样了。它问世之后，在社会上很快流传开来。就像唐宣宗在《吊白居易》诗中所说的："童子解吟长恨曲，胡儿能歌琵琶篇。"足见其深受人们的喜爱。

　　艺术作品不同于真实的人生。它的虚构色彩或者说神话色彩是作家对现实生活所持的一种否定，或者说是现实生活的延伸。在这种否定或者延伸中寄托着作者对美的追求。因为像唐玄宗和杨贵妃这样的爱情故事不应该像现实生活那样以马嵬驿的生离死别而告终，最起码应该有一个让人们为他们的真诚相爱而感到慰藉的结局。于是，就有了富于浪漫色彩的唐玄宗和杨玉环天人相隔的思念。

一个道士的神话故事

　　《长恨歌》后半部分的神话传说，其来源是多方面的。马嵬事变是一场宫廷政变，是皇太子李亨和宰相杨国忠之间一场你死我活的斗争。由于杨国忠过分自信、疏于防范，所以他首先成了刀下鬼。接着，"六军"官兵又迫使唐玄宗将杨贵妃赐死。贵妃，其身份仅次于皇后，即便是要处死，也不会像常人那样被拉出去在众目睽睽之下杀头。而是由高力士带到马嵬驿站后面的佛堂，让杨贵妃自悬梁自尽。于是，就有了这样的传说：高力士不忍心让杨贵妃自杀，就找了一位和杨贵妃相貌近似的宫女做了替身，暗中放走了杨贵妃。据史料记载，在前台执行政变命令的龙武大将军陈玄礼也只是站在佛堂门外，远远地看了一眼就算完事了。接下来就有了杨贵妃翻秦岭，越汉水，入长江，顺流东下，最后入海成仙的传说。

这个传说早在白居易创作《长恨歌》之前就已经在民间流传。由于白居易在《长恨歌》的后半部分说："忽闻海上有仙山，山在虚无缥缈间。"于是，有人就别出心裁地认为，白居易所说的"马嵬坡下泥土中，不见玉颜空死处"的意思是"杨贵妃坟墓里空空如也"。也就是说：白居易也相信高力士放走了杨贵妃的传说。这种解释是错误的。因为"马嵬坡下泥土中，不见玉颜空死处"并不是说杨贵妃的坟墓里空空如也，而是说唐玄宗在马嵬坡再也见不到杨贵妃了，能见到的只是当年杨贵妃殒命的那块地方。所以，白居易只是借助这个传说，用道家的海上仙山创作了一个充满了浪漫色彩的爱情悲剧，并不是他相信那个无中生有的民间传说。

关于临邛道士的神话，唐末有个叫杜光庭的人，他在编纂《仙传拾遗》时有所收录。书中记载：《长恨歌》中的那个临邛道士名叫杨通幽。杜光庭的《仙传拾遗》这部书已经失传了，但是，这个故事在北宋初期却被收进了《太平广记》。和《长恨歌》以及《长恨歌传》不同的是：《长恨歌》与《长恨歌传》把唐玄宗托道士寻找杨贵妃的神话放在唐玄宗返回京城长安以后，而在《仙传拾遗》中，则是发生在唐玄宗在成都避难的时候。

高力士放走杨贵妃是一个捕风捉影式的杜撰。所谓杜撰，就是所说的事不真实。这个词恰好和编纂《道藏》的杜光庭有关系。《道藏》一共有八千多卷，只有《道德经》二卷是老子撰写的，是真的。其余的内容都是杜光庭和后人编撰的，因为都不真实，所以人称"杜撰"。发展到后来，人们把凭空捏造称为"杜撰"。而神话传说在某种意义上说，就是把捕风捉影的传说具体化、神化，并给其蒙上一层神秘的宗教色彩。杨贵妃到海上仙山化为道家仙子杨太真的神话传说就是这样形成的。

111

而把这个道家神话从蜀中传到长安的人，恐怕就是在周至县落脚的王质夫。因为他长期生活在川北的梓潼，和道士杨通幽的老家很近。

王质夫是蜀中人。白居易的诗集中，有十首诗是写给王质夫的。在周至有八首，白居易回到长安后有二首。这说明他们的交往主要集中在楼观这块道教圣地。王质夫从蜀中入终南山，其目的就是学道。起先他住在太白山，后来，又在仙游寺附近的楼观住下来。白居易在《送王十八归山，寄题仙游寺》一诗中就写道："曾于太白峰前住，数到仙游寺里来。黑水澄时潭底出，白云破处洞门开。林间暖酒烧红叶，石上题诗扫绿苔。惆怅旧游无复到，菊花时节羡君回。"太白山和仙游寺附近的楼观都是道教圣地。王质夫往来于期间，认识了陈鸿和白居易，并且结为道友。有时候，王质夫几天不来，白居易就写诗请他。《招王质夫》说："濯足云水客，折腰簪笏身。喧闲迹相背，十里别经旬。忽因乘逸兴，莫惜访嚣尘。窗前故栽竹，与君为主人。""云水客"，指王质夫；"簪笏身"是白居易自称。在这首诗中，白居易把他的日常生活和王质夫作了鲜明的对比：王质夫是云里来，雾里去，潇洒自由；而白居易却因身穿官服，公务缠身。"喧闲迹相背，十里别经旬"，两个人住的地方相距不远，但是，环境明显不同。王质夫是闲静；自己是喧嚣。从这种对比中，我们已经明显地感觉到白居易对道家清静无为的羡慕。他也想和王质夫这种不受尘嚣干扰的人经常交谈，放松放松。可是他十几天见不上王质夫的面，于是写了这首诗，邀请王质夫"莫惜访嚣尘"，还是到家里来坐坐。早先在窗前栽的竹子已经苍翠欲滴，我知道你喜欢竹子，来了你喧宾夺主也没关系。从诗中可以看出，两人虽然邂逅较晚，但共同的信仰使他俩很快成为无话不谈的挚友。

关于他的学道，白居易有一首《赠王山人（质夫）》："闻君减寝食，日听神仙说。暗待非常人，潜求长生诀。言长本对短，未离生死辙。假使得长生，才能胜夭折。松树千年朽，槿花一日歇。毕竟共虚空，何须夸岁月。彭生徒自异，生死终无别。不如学无生，无生即无灭。"王质夫潜心学道，"日听神仙说"，每天都要听关于神仙的传说。不仅如此，他还"减寝食"，即辟谷绝粒，潜心研究道家的"长生诀"，在他看来，凡是不能长生的，就是夭折。可是，白居易对此有自己的见解。他认为，不管是千年的松柏，还是朝花夕谢的木槿，都归于虚空。白居易尽管没有批评王质夫痴迷长生和神仙说，但他关于虚空的观点，却符合老子的思想。至于传说中活了八百岁的彭祖，那是另一回事。说到底，生和死没有什么区别。所以，白居易告诫王质夫："不如学无生，无生即无灭。""无生即无灭"，这是白居易对王质夫的劝告。但这种劝告并不影响白居易用海上仙山的传说给唐玄宗和杨贵妃创造一个精神寄托的乐园，而且，这样的艺术处理，也符合唐玄宗痴迷仙道的神仙信仰，更符合国人希望悲剧的主人能够有一个美好结局的善良愿望和艺术欣赏习惯。

白居易和王质夫的关系在一定层面上说，属于志趣接近的好友。比如，《与王质夫同游秋山》诗："石拥百泉合，云破千峰开。平生烟霞侣，此地重徘徊。今日勤王意，一半为山来。"这是写楼观一带的自然风光以及二人游山时的感受。白居易把王质夫视为"烟霞侣"，说明他俩的交往有那么一点"道隐"的情趣。"道隐"，是一种信仰行为，它和回避红尘的隐逸是两回事。而且，他和王质夫的交往并不影响他的"勤王"！因此，他每次去拜访王质夫，都会找一个"勤王"的借口，以满足他爱好自然山水的情趣。有时，他实在忙得脱不开身，就只好写诗，向王质夫表示歉意。比如《酬王十八李大见招游山》："自怜幽会心期阻，复愧嘉招书信频。王事牵身去不得，满山松雪属他人。"然而，有时候是他去了，王质夫却不在，他也写诗，可口气就不一样了！比如《期李二十文略王十八质夫不至，独游仙游寺》就说："文略也从牵吏役，质夫何故恋嚣尘？"从诗中可以看出，王文略也是个小官吏，

被公务缠身，无法赴约。白居易就说人家一个是"牵吏役"，一个是"恋嚣尘"。而别人邀他游山，他因为公务繁忙，无法成行。就用"王事牵身"作理由回绝。在批评了别人之后，还显示一下自己的高尚情怀："始知解爱山中宿，千万人中无一人。"好像他比谁都更热爱自然山水。虽然是和朋友开玩笑，但也可以看出，王质夫在周至的交往面比较广。他虽然学道，但和尘世并没有完全隔绝。

后来，白居易调回京城，任翰林待诏时，还不时地想起自己的这位方外之交："何处感时节？新蝉禁中闻。宫槐有秋意，风夕花纷纷。寄迹鸳鹭行，归心鸥鹤群。唯有王居士，知予忆白云。何日仙游寺，潭前秋见君。"①这首诗的诗题下作者自注说："王居仙游山。"在这首诗中，我们已经看不出白居易人在周至时对王质夫略微流露出的一些微词，而是非常羡慕王居士置身青山白云的潇洒自由。自己虽然寄身"鸳鹭行"②，但心却一直向往着能像翱翔于天地之间的"鸥鹤"那样自由自在。

白居易回到长安后，王质夫曾写诗给他，相约隐居山林。白居易写了一首《酬王十八见寄》："秋思太白峰头雪，晴忆仙游洞口云。未报皇恩归未得，惭君为寄北山文。"在这首诗里，白居易没有答应王质夫，原因是自己"未报皇恩"。所谓"未报皇恩"，说穿了，就是自己还没有干成一番惊天动地的大事业，所以不便退隐。这实际上就是老子提倡的"功成身退"。"北山文"，即《北山移文》，南朝齐孔稚珪写的一篇有名的骈体文。作者借北山即钟山的口气，讽刺曾在此隐居的周颙，后来成为人们讽刺那些借隐居而沽名钓誉的假隐士的典故。白居易在诗中说：看到你给我的书信，我确实像周颙那样愧对楼观和终南山。白居易这个时候还确实是雄心勃勃，想干一番"兼济天下"的大事业。

遗憾的是他求成心切，锋芒毕露，得罪了朝廷上上下下不少人，

----

① 见《翰林院中感秋，怀王质夫》。
② 朝廷官员上朝时，按照官位的高低，鱼贯而入，习惯上称"鸳鹭行"。

不久，就因在武元衡事件中越职言事被贬为江州司马。后来，当白居易从贬地江州①调任忠州刺史时，还写诗给王质夫："忆始识君时，爱君世缘薄。我亦吏王畿，不为名利著。春寻仙游洞，秋上云居阁。楼观水潺潺，龙潭花漠漠。吟诗石上坐，引酒泉边酌。因话出处心，心期老岩壑。忽从风雨别，遂被簪缨缚。君作出山云，我为入笼鹤。笼深鹤残瘁，山远云飘泊。去处虽不同，同负平生约。今来各何在？老去随所托。我守巴城南，君佐征西幕。年颜渐衰飒，生计仍菁索。方含去国愁，且羡从军乐。旧游疑是梦，往事思如昨。相忆春又深，故山花正落。"②

写这首诗时，白居易离开周至已经十二年了，是即将步入知天命之年的人了。在诗里，他回忆了他和王质夫从相识到相知，以及在仙游寺、楼观山水间的惬意生活。两个人当初还相约"老岩壑"——回归自然，遗憾的是自己回京不久就因武元衡被刺事件而远贬江州。这就是诗中所说的："君作出山云，我为入笼鹤。"你自由自在，我却像关在笼中的鹤，一天天地憔悴。我们都辜负了当年的约定，为什么？因为两个人都没有退隐山林：我"守巴城南"，而你也离开了楼观和终南山，远赴西部边塞从军。

王质夫后来回到四川梓潼，不久便去世了。白居易很伤心，写了一首《哭王质夫》："仙游寺前别，别来十余年。生别犹怏怏，死别复何如？客从梓潼来，道君死不虚。惊疑心未信，欲哭复踟蹰。踟蹰寝门侧，声发涕亦俱。衣上今日泪，箧中前月书。怜君古人风，重有君子儒。篇咏陶谢辈，风衿嵇阮徒。出身既蹇连，生世仍须臾。诚知天至高，安得不一呼？江南有毒蟒，江北有妖狐。皆享千年寿，多于王质夫。不知彼何德？不识此何辜？"一个月前，还收到王质夫从梓潼给他

①指今江西九江。
②见《寄王质夫》。

115

消来的信，想不到一个月后，却得到了他去世的消息。从"出身既蹇连，生世仍须臾"二句，可以知道：王质夫一生坎坷，而且死的时候也还未到寿考之年。

从上面所引的诗篇可以看出白居易和王质夫交往的始末。他们是一对有着相同的道家信仰的好朋友。而且，王质夫还是深信神仙之事的，因为白居易说他"日听神仙说"。因此，王质夫提议让白居易把唐玄宗和杨贵妃的"希代之事"写出来，在很大程度上是写杨贵妃马嵬殒命后升入仙界、化为太真仙子的神话。

神话传说因为和现实有着巨大的差异，因而充满了浪漫色彩。

白居易在《长恨歌》中用了三分之一的篇幅描写了杨贵妃在海上仙山对唐玄宗的思念，可以看出作者对唐玄宗和杨贵妃的爱情悲剧充满了同情和怜悯。像表现普通人的爱情生活一样，当尘世的爱情以悲剧为结局的时候，艺术家就给执著于爱情的人们创造一个神话的天堂，使他们有一个大团圆的美好结局。汉乐府中的焦仲卿和刘兰芝的结局就是文人为天下有情人所设计的最好归宿。"连理枝"的悲剧结局现在却常常被人用来恭贺年轻人喜结良缘，确实是犯了一个令人啼笑皆非的文化常识上的错误。比起焦仲卿和刘兰芝，唐玄宗和杨贵妃的结局更为悲惨。因为，唐玄宗身为皇帝，竟然演出了历史上绝无仅有的人生悲剧。这也就是王质夫所说的"希代之事"。

白居易：任随大化的乐天诗人

白居易之所以能够按照王质夫的意图，把唐玄宗和杨玉环之间的故事用神话加以润色，在很大程度上取决于白居易自己的仙道观。他有一组诗《归田三首》，在这组诗中，白居易阐发了他对人的欲望的看法。他认为，人的欲望无非两端："中人爱富贵，高士慕神仙。""中人"，是指那些比上不足、比下有余的人。这类人非常留恋人生富贵。

"高士"，就是那些期求出世的人。慕神仙、爱富贵，是不是就能成仙、就能富贵呢？未必！为什么？"神仙须有籍，富贵亦在天"。就是说，你想成神仙，必须前世已在仙界占有名分，没有这个先决条件，是成不了仙的。至于一个人能不能富贵，就看天意了。

有了这种思想，在现实生活中，白居易采取了任随大化的生活态度。比如，他的《逍遥咏》："亦莫恋此身，亦莫厌此身。此身何足恋？万劫烦恼根。此身何足厌？一聚虚空尘。无恋亦无厌，始是逍遥人。"无欲无求、不离不弃、无为、无不为。

他甚至以自己为例说明这是无法回避的："三十为近臣，腰间鸣佩玉。四十为野夫，田中学锄谷。"自己三十多岁的时候在皇帝身边担任校书郎、左拾遗、翰林学士；四十岁时，回家为母亲守孝，穷困到靠好朋友元稹的接济才能勉强度日。在这种文化心态下，他也容易接受今生、后世的仙道观。尤其是在楼观这块道家文化圣地，白居易更会受到道家文化的熏染，这才创作出了名垂千古的《长恨歌》。

几个没有读懂《长恨歌》的人

金朝有个叫仆散汝弼的，填了一首《风流子》，批评唐玄宗。这首词所写的内容几乎都是取材于《长恨歌》："三郎年少客，风流梦，秀岭蛊瑶环。看浴酒发春，海棠睡暖。笑波生媚，荔枝浆寒。况此际，曲江人不见，偃月事无端。羯鼓数声，打开蜀道，霓裳一曲，舞破潼关。　马嵬西去路，愁来无会处，但泪满关山。赖有紫囊来进，锦袜传看。叹玉笛声沉，楼头月下，金钗信杳，天上人间。几度秋风渭水，落叶长安。"

也有对唐玄宗持批评态度的，甚至用揶揄的口气讥笑他。元朝的马致远就是其中的一位。他有一首散曲《南吕·四块玉·马嵬坡》："睡海棠，春将晚，恨不得明皇掌中看。霓裳便是中原患。不因这玉环，引起那禄山，怎知蜀道难。"按作者意思，"安史之乱"是唐玄宗自己一

手造成的。这个观点应该说基本符合历史事实，因为安禄山是唐玄宗一手提拔起来并加以重用的野心家。但说安禄山发动叛乱，是为了夺取杨玉环，这未免把安禄山想得太简单了，好像"安史之乱"不是统治阶层内部的争权夺利，而是为了一个女人。虽然是开玩笑，但却有玩世不恭之嫌。晚年的唐玄宗确实是沉溺于声色犬马之中，不以天下为重，完全不是早年那位励精图治的英明的君王了。有一次，他和杨贵妃及其姐妹彻夜狂欢。他刚睡了一会儿，天就亮了。唐玄宗意犹未尽，让高力士去传唤杨贵妃，还要接着玩。高力士到后宫一看，杨贵妃还在睡觉，就回来给玄宗说：贵妃还没有睡醒。唐玄宗亲自到后宫，只见杨贵妃面色微红、醉意未消，就说："这哪里是贵妃未醒，是海棠花还没有睡够。"这就是作者所说的"睡海棠"。还有人甚至站在貌似公正的立场上，批评唐玄宗回京后因思念杨贵妃而整天以泪洗面。这个人就是袁枚。他在《马嵬》诗说："莫唱当年《长恨歌》，人间亦自有银河。石壕村里夫妻别，泪比长生殿上多。"从袁枚的诗看，直到清代全盛时期，《长恨歌》在社会上还非常流行。不过，袁枚对那些喜欢《长恨歌》的人说：不要太同情唐玄宗和杨玉环，要同情的话，就去同情石壕村里的那对老夫妻的生离死别吧。袁枚尽管是同情劳动人民的，但他忘记了一个事实：造成石壕村的老夫妻生离死别的人，正是当年在马嵬驿迫使唐玄宗和杨玉环生离死别的唐肃宗李亨！如果是唐玄宗造成了石壕村的那对老夫妻的生离死别的话，那么，袁枚的批评才算是有的放矢。

不管是《长恨歌》中天人相隔的神话传说，还是仆散汝弼的《风流子》对《长恨歌》的隐括，对贾岛"秋风吹渭水，落叶满长安"诗句的化用，都是以悲凉哀怨的格调来描写唐玄宗和杨贵妃的悲惨结局的。这正是《长恨歌》的感人之处。尤其是杨太真在海上仙山对唐玄宗的寄语，更是以难以言状的真情表达了对尚在人间的唐玄宗的怀念。

这正是这个道家神话所蕴含的悲剧美。《长恨歌》也正是在"天长地久有时尽，此恨绵绵无绝期"中结束了唐玄宗和杨玉环之间的人生悲剧。

伍

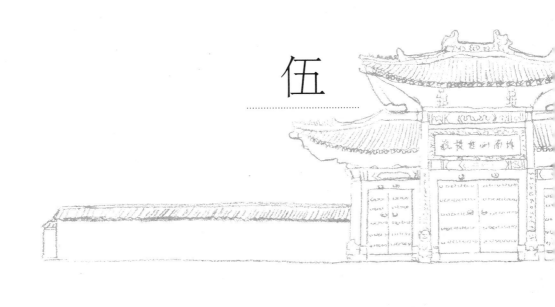

诗人之道与道家之诗

楼观山水

楼观与中国山水文化

据地质学家研究，在七百万到一千万年之前，我们的地球还处在地老天荒的混沌时期。在地球运动的外力和内力的作用下，长达1600公里的终南山把两个地质板块缝合起来，中国的大陆由此合拢起来。而地质缝合带上的巨大伤疤，就是横亘华夏大地的终南山。

奔腾的大河与潺潺的小溪，吟唱出沁入心脾的乐章；高耸的奇峰与幽静的峡谷，装扮出引人入胜的终南秀色。一种朦胧与神秘、清奇与娟秀相契合的文化氛围使得终南山成为诗国的骄傲。

楼观台作为终南山道教文化的代表场所，终唐一世均为骚人墨客吟咏游历之地。道教精神内涵所带给文人的自由洒脱、亲近自然、隐逸遁世等思想，在终南山这一特殊的地点和场合下表现得尤为突出。楼观台作为终南文化的核心，其影响深远而表现丰富。在此意义上说，楼观台对中国诗人和诗歌的影响，也就是道家文化对中国诗人和诗歌的影响，这一影响，突出地表现为历代诗人的终南情结。

"终南与清都，烟雨遥相通。"①位于帝都长安之南的终南山与长安城遥遥相对，满山秀色掩映长安。这种地理区域上的临近，造就了二者密不可分的关联，而以楼观台为代表的终南道家文化与堪称长安一景的终南秀色共同构成了终南山特有的人文特征，并产生了极具特色的终南诗道。

终南山里秀才多

对山水自然的向往是诗人之道的重要文化特征，其表现形式就是以山水诗作为道的载体。

中国古代山水诗的发展，受道家思想影响极深。在天人合一、崇尚自然的思想引导下，古代山水诗展现出蓬勃的生命力。而符合道家出世思想的归隐情结，也大多以归隐山水之间作为心灵的依托与归宿。所以，山水诗的产生与道家思想密不可分。古人在终南山留下的诗歌中，也多以对自然山水的描绘来表现返璞归真的道学愿望。具有如此情怀的山水诗歌，所表现出的对自然的追求和向往，以及遁世归隐的情结和愿望，便可称作一种诗人之道。

长安有八水绕城之美誉。而山，却只有一座终南山。至于唐人所说的"百二山河拥帝京"，那是从关中四周的山河着眼的。

中国古代文人大都关心三件事：一是建功立业，二是山水园林，三

---

① 见《李肱所遗画松诗书两纸得四十韵》。

是功成身退。所以，中国文人对自然山水有着一种特殊的文化观。

而终南山也正因其独特人文地理优势而成为文人墨客吟咏不辍的题材。这三件事和道家有关系的最起码有两件：山水园林和功成身退。而这两件事又和诗人之道和道家之诗有关。

唐太宗有一首《望终南山》，反映了一代帝王君临天下的雄才与霸气："重峦俯渭水，碧嶂插遥天，出红扶岭日，入翠贮岩烟。叠松朝若夜，复岫阙疑全。对此恬千虑，无劳访九仙。"全诗围绕一个"望"字展开。最后发出感慨：面对终南山上的胜境，人自然会忘掉尘世的一切，也根本用不着到太清去拜访九仙。

青翠秀丽的终南山峦就像一道锦绣画屏矗立在长安城南。每逢晴朗之时，"出门见南山，引领意无限。秀色难为名，苍翠日在眼"①。若登临山间，张乔《终南山》（前四句）："带雪多衡春，拱天占半秦。势奇看不定，景变难写真。"山色使游人流连忘返，甚至达到"自缘名利客，好此结蓬茅"的程度。如卢纶《过楼观李尊师》："城阙望烟霞，常悲仙路赊。宁知樵子径，得到葛洪家。犬吠松间月，人行洞里花。留诗千岁鹤，送客五云车。访世山空在，观棋日未斜。不知尘俗士，谁解种胡麻。"楼观之景在诗人笔下近乎仙境，而诗人所访之道士，也有仙风道骨。

张籍《终南山下作》："见此原野秀，始知造化偏。山村不假阴，流水自雨田。家家梯碧峰，门门锁轻烟。因思蜕骨人，化作飞桂仙。"对终南山景的描写不仅很独特，而且作者对景所生之情也是想入山求道、蜕去凡骨、羽化成仙。

终南山在诗人心目中充满了仙道意味。在这里他们在尽享大自然美好景致的同时，也体味超然世外的乐趣。

由于老子在楼观设坛传道，使终南山成为一座道家的名山。更因为唐代以道教为国教，使得终南山的楼观在道教界的地位更加尊贵。

①见李白《望终南山寄紫阁隐者》。

楼观附近还有一座白鹤观。其地位虽然不及楼观，但因为这里有座传说为老子炼丹之地的炼丹峰而驰名。炼丹峰东有条山谷，名叫东观谷，相传是老子入关时所骑的青牛游憩之地。

唐代诗人中游白鹤观的很多，如刘长卿有《过白鹤观寻岑秀才不遇》、张乔有《题终南山白鹤观》、郑谷有《终南白鹤观》等诗，显见白鹤观一带也是唐人喜爱旅游的地点。郑谷《终南白鹤观》云："步步景通真，门前众水分。桂萝诸洞合，钟磬上清闻。古木千寻雪，寒山万丈云。终期扫坛级，来事紫阳君。"而咸通进士张乔的《题终南山白鹤观》，表明诗人自己准备入山访道，脱离人间烦恼。

诗人与道友

唐代诗人和僧、道交游成为一种社会时尚。尤其是诗人和道士交往成为他们涤除尘世烦恼的重要手段。

唐代社会崇尚道教，统治者的提倡、尊崇以及亲身实践提高了道家与道教的社会地位，地位的提高奠定了道教发展的基础。从唐高祖李渊开始，道士就成为朝廷的座上宾，因而朝中重臣、宫廷文人及诗人与

楼观全景

道士的交游便日益纷繁起来。众所周知，封建社会有一套完整的礼仪形式。唐王朝在皇宫中举行重大活动时，一开始就规定：进入皇宫时，道士在前面，僧人跟在道士后面。唐高宗当皇帝初期，还延续这个规定。后来，武则天崇佛，便改变了李唐祖宗的家法，让和尚走在前面，道士跟在和尚后面。唐玄宗登基后，在思想文化上实行各家思想兼收并蓄的政策，于是规定：进入皇宫时，道士和和尚并排走，不分先后。尽管只是个次序的调整，但却反映了唐玄宗在文化政策上的变化。更有甚者，在会昌元年，唐武宗让道士在皇宫中建立道观，自己亲自受法箓，成为一位"皇帝道士"。会昌五年，唐武宗下诏取缔佛教，表现出一种极端狭隘的文化视野。不仅如此，他又长期服用道士给他炼成的所谓"长生不老药"。服药初期，似乎精神振奋。久而久之，变得形容憔悴。后宫一位姓王的才人劝他减少药量，他却说：朕就是要脱胎换骨。第二年，唐武宗便死了，年仅三十三岁。

像唐武宗这样走极端的皇帝成了崇道的殉道者，但毕竟是少数。而文人墨客与道士、女冠的交往充其量是一种文化精神上的暂时转移和调节。如李白与元丹丘、玉真公主、吴筠之间的交游就带有浓厚的功利色彩：通过道友的推荐实现他的人生理想。在交往中，文人与道士之因酬唱赠答而产生了数量相当可观的诗歌，其内容多涉及道家思想与宗教内容。如戴叔伦《新年第二夜

唐武宗

答处上人宿玉芝观见寄》、白居易《和微之诗二十三首寄道友》、郑巢《寄贞法师》、章孝标《赠匡山道者》、张祜《忆游天台寄道流》、窦

常《茅山赠梁尊师》、杨凭《赠马炼师》、韦应物《寄刘尊师》、《寄黄尊师》、《寄黄刘二尊师》以及李益、柳公绰、杨於陵、令狐楚、李翱、元稹、王起、张仲方、李宗闵、李绅、崔元略等人写过同题的《赠毛仙翁》等等。这些诗作，大多表达了诗人对道家及道士的人格修养与生活方式的欣赏和赞美。如韦应物《寄黄尊师》说："结茅种杏在云端，扫雪焚香宿石坛。灵祇不许世人到，忽作雷风登岭难。"又如《寄黄刘二尊师》："庐山两道士，各在一峰居。矫掌白云表，晞发阳和初。清夜降真侣，焚香满空虚。中有无为乐，自然与世疏。道尊不可屈，符守岂暇馀。高斋遥致敬，愿示一编书。"

被仙化了的道士

在多数诗人的作品中，道士已经不再是平凡的血肉之躯，而是"仙人"的代名词，或者说，是仙人在世间的代表。道士们生活的地方，已经不是尘世，而是脱离了凡俗之气的仙境。如李益《寄许炼师》："扫石焚香礼碧空，露华偏湿蕊珠宫。如何说得天坛上，万里无云月在中。"

诗人同道士们的交往在很大程度上已经不再是趋奉社会风尚，而是追求超然物外的精神境界。如李端的《赠道者》。诗中描绘了一位浪迹于市井的道人形象："姓氏不书高士传，形神自得逸人风。已传花洞将秦接，更指茅山与蜀通。懒说岁年齐绛老，甘为乡曲号涪翁。终朝卖卜无人识，敝服徒行入市中。"

这位卖卜市井的道士，虽然在《高士传》中没有他的名字，但是，他那自由落拓的形象颇有仙风道骨的意味。这种闹市隐者的形象是对市井高人的欣赏与崇拜，源于对隐逸生活的追求，符合中国文人的"中隐"情结。

在一个崇道的时代，对于还俗的道士，诗人们就颇有微词。比如李端的《赠还俗道士》："闻有华阳客，儒裳谒紫微。旧山连药卖，孤鹤带云归。柳市名犹在，桃源梦已稀。还乡见鸥鸟，应愧背船飞。"

在《赠天台叶尊师》一诗中，诗人方干则用欣赏的笔触，描绘了道人的绝尘高蹈的生活状态和精神面貌："莫见平明离少室，须知薄暮入天台。常时爱缩山川去，有夜自携星月来。灵药不知何代得，古松应是长年栽。先生暗笑看棋者，半局棋边白发催。" 诗人笔下的叶尊师"平明离少室"，"薄暮入天台"，万里长途对他来说是朝发夕至。这虽然是夸大之词，但在那个时代恐怕人们还是深信不疑的。叶尊师的居所依傍山川，夜幕降临，月朗星稀。但是，诗人把月朗星稀的山乡夜景仙化为道士唤来星月自照，俨然将他视为一位得道成仙者。结尾一联借用《述异记》中王质入山砍柴观仙童下棋的故事暗示出这位叶尊师就是一位已经成仙的高人。

慕道与访道

除酬唱应答外，慕名访道也是诗人与道士交游的重要方式。尤其是在盛唐和中唐时期，此风极其兴盛，其诗作之多也是其他时代所无法比拟的。诗人往往亲自登山临水，登门拜访有道的高人和道士。如李绅的《题北峰黄道士草堂》、姚鹄的《寻天台赵尊师不遇》、窦牟的《陪韩院长韦河南同寻刘师不遇》、李益的《寻纪道士偶会诸雯》、王建的《寻李山人不遇》、刘禹锡的《寻王道士不遇》、孟郊的《访嵩阳道士不遇》、张籍的《寻徐道士》、白居易的《寻李道士山居》、《寻郭道士不遇》、鲍溶的《宿青牛谷梁炼师仙居》、李绅的《华顶》、许浑的《与张道士同访李隐君不遇》、秦系的《期王炼师不至》、《题茅山李尊师山居》、施肩吾的《赠别王炼师往罗浮》等等，均记述了作者不辞劳顿寻访真人的过程。如李绅《华顶》："欲向仙峰炼九天，独瞻华顶

礼仙坛。石标琪树凌空碧，水挂银河映月寒。天外鹤声随绛节，洞中云气隐琅玕。浮生未有从师地，空诵仙经想羽翰。"

诗题"华顶"，指的是天台山的一座主峰，在今浙江省天台县东北六十里，因天台山有九峰，状如莲花，此峰处于莲花之顶，因称华顶。其最高处，少晴多晦，夏犹积雪。自下望之，犹莲花之曹，亭亭独秀，中有洞，石色光明。绝顶有降魔塔，东望沧海，弥漫无际，号望海尖，可望日出。下布之状，草木熏郁，殆非人世。华顶地势高远，诗人竟要无所畏惧，冒险前来，足见寻仙访道之心切。尾联"空诵"句可以看出：诗人此来的目的是咨询道教典籍的一些问题。

又如元稹的《惭问囚》："司马子微坛上头，与君深结白云俦。尚平村落拟连买，王屋山泉为别游。各待陆浑求一尉，共资三径便同休。那知今日蜀门路，带月夜行缘问囚。"

此诗题下有一段简短的说明："蜀门夜行忆与顺之在司马炼师坛上话出处时。"司马炼师是指司马承祯(字子微)，他是初盛唐时期的著名道士。但是，到了中唐时期，他的道坛还是诗人们游历驻足的地方，可见他对后世的影响之深。同时诗人还表现出对司马炼师真挚的崇敬之情。他之所以用"惭问囚"为诗的题目，说明作者披星戴月地行进在深山，不是为了访道，而是为了查勘狱情。为此他感到惭愧。

为求丹药到山中

有些诗人寻访道士纯粹是为了乞要丹药。如白居易的《寻王道士药堂因有题赠》："行行觅路缘松峤，步步寻花到杏坛。白石先生小有洞，黄芽姹女大还丹。常悲东郭千家冢，欲乞西山五色丸。但恐长生须有籍，仙台试为检名看。"

诗人寻觅山路，随着山花一步步终于到了王道士的杏坛。他到杏坛的目的就是为了得到王道士所炼的"大还丹"。他为什么要这样做？因为他看到城东坟墓累累，自己也想祈求长生。话虽这样说，白居易对长生不老还是持怀疑态度的："但恐长生须有籍，仙台试为检名看。"意思很明显：能长生的人在仙界恐怕早就注定了。在白居易看来，凡是命中没有注定的事，无论如何是办不到的。虽然说有点灰心，但却符合道家的自然观：一切都得顺其自然。一首平常的题赠诗，在白居易手里变成了浅显易懂的道家哲理诗。

寻访道士成了唐代诗人生活中必不可少的事情。寻到了，自然高兴；即便是寻访不到，处于道人所处的环境里，诗人自己也往往在浮想联翩中涤除了尘世的忧烦。如韩愈的《同窦、韦寻刘尊师不遇》："秦客何年驻，仙源此地深。还随蹑凫骑，来访驭风襟。院闭青霞入，松高老鹤寻。犹疑隐形坐，敢起窃桃心。"

韩愈

诗人攀山涉水好不容易找到了刘尊师的居所，却吃了闭门羹。然而当诗人看到飘忽的云霞以及在松间翻飞的仙鹤时，竟怀疑是不是仙师料到自己要来而驾云归来，隐形坐在此间。尾联"窃桃"用了东方朔偷西王母仙桃的典故，从侧面渲染了道院环境的脱俗出尘。

有时诗人是为了访道而来，却往往被山中景物吸引，忘了自己的初衷。如刘长卿《寻南溪常山道人隐居》："一路经行处，莓苔见屐痕。白云依静渚，春草闭闲门。过雨看松色，随山到水源。溪花与禅意，相对亦忘言。"

诗人兴冲冲地沿着青苔路向南溪一路走来，只见芳草萋萋，白云悠悠，看到道人山居，柴门紧闭后，便一路沿着刚下过雨的山路，随着

溪水，看那苍松滴翠、山花烂漫的美景，在不知不觉中竟忘了自己的初衷。诗作从侧面反映了道人仙居环境的幽静超然。

从时代背景上看，诗人们乐意交往的道士多是道教名流。他们出入馆阁之间，与文人墨客、朝廷政要相交游，长于吟风弄月，解识琴棋书画，为社会所容纳和肯定。并且还有一群出身于上流社会的人们主动向道家靠拢，也使得道教在唐代的地位无可比拟。大略看来，诗人与道士交游往来的原因有以下几点：

首先，向道士问道是诗人与道士交往的第一个原因。从知识层面上说，熟稔道教教理、教义和各种修道方术是道士有别于俗士的首要特征。诗人们把道士当成了解答道经奥义的当然老师。如王昌龄《就道士问〈周易参同契〉》："稽首求丹经，乃出怀中方。披读了不悟，归来问嵇康。"白居易《寻郭道士不遇》说："欲问《参同契》中事，更期何日得从容？"曹邺《寄嵩阳道人》："见说高阳有仙客，欲持金简问长生。"罗邺《寄第五尊师》："欲访先生问经诀。"道士手中握有秘不示人的道经，他们便成为诗人求取道经的对象，如司空曙《遇谷道士》："丹经倘相授，何用恋青袍。"韦应物《寄黄、刘二尊师》："道尊不可屈，符守岂暇馀。高斋遥致敬，愿示一编书。"卢纶《酬畅当嵩山寻麻道士见寄》："烦君远示青囊录，愿得相从一问师。"道士是修道之士，却被诗人视作已然得道可资求取之人，如皇甫冉《酬崔侍御期籍道士不至兼寄》："一心求妙道，几岁候真师。"

其次，唐代道士出入上层社会，具有良好的文艺修养。他们中有的善书，如王建《赠太清宫道士》提到的："书卖八分通字学，丹烧九转定人年。"道士多善琴、棋，睿宗所赐司马承祯诸物中就有"宝琴一张"。道士鸣琴就成了诗家习见题材，如卢纶《河口逢江州道朱道士因听琴》："庐山道士夜携琴，映月相逢辨语音。引坐霜中弹一弄，满船商客有归心。"刘禹锡南贬连州三年后闻道士弹琴，有《闻道士弹〈思

130

归引〉》诗云："仙翁一奏思归引，逐客初闻自泫然。莫怪殷勤悲此曲，越声长苦已三年。"正是伤心人别有怀抱。李宣古《听蜀道士琴歌》一诗把道士变幻多端、荡人心魂的琴音渲染得淋漓尽致，堪与李贺的《李凭箜篌引》、韩愈的《听颖师弹琴》相媲美。

除此之外，唐代道士能诗善吟咏者也很多。虞有贤的《送卧云道士》说卧云道士"满酌数杯酒，狂吟几首诗"。方干《雪中寄殷道士》感慨"山阴道士多吟兴，六出花边五字成"。事实上，"多吟兴"的不止山阴道士而已。

再次，诗人对道教宗教活动以及烧丹炼汞和服食丹药的描写。道家以服药求长生自古有之，其中服食丹药最为流行的莫过于魏晋。个体意识的觉醒，使得人们常常感叹生命的短暂，向往永恒，祈求长生。例如曹植《飞龙篇》说真人"教我服食，还精补脑。寿同金石，永世难老"。《古诗十九首·回车驾言迈》说"人生非金石，岂能长寿考"。于是，服药成为魏晋人养生之要事。《真诰》卷十七记道教上清派第二代宗师杨羲给人的一封书信说："羲顿首，奉反告承服散三旦，宣通心中，此是得力.深慰驰情，愿善将和，无复感动。"《晋书·王羲之传》记王羲之举家奉五斗米道，雅好服食养性。曾从道士许迈游，采药石不远千里，说明采服药石是崇道者的必修课。鲁迅《魏晋风度及文章与药及酒之关系》认为魏晋人服食的"五石散"指的是白石英、紫石英、石钟乳、赤石脂和石硫黄的混合物。

服药与长生

唐代有不少诗人曾经有过炼制和服食金丹的经历。首先是初唐四杰中年齿最尊的卢照邻。卢氏早年游蜀为至真观作碑时已亲眼目睹蜀地"灵山水府，俱为炼玉之场"[①]的景象。据有的学者考证，咸亨三年，

①见《全唐文》史部卷一百六十七。

131

卢照邻患风疾，第二年春入长安向孙思邈求医问道，时年四十。四十二岁时离开长安入太白山中服丹。后来诗人回忆道："昔在关西太白山下，一隐士多玄明膏，中有丹砂八两。予时居贫，不得上好丹砂，但取马牙颜色微光净者充用。自尔丁府君忧，每一号哭，涕洒中皆药气流出。三四年羸卧苦嗽，几至于不免。"四十八岁转入洛阳东龙门山，卧病于精舍。"有客过而哀之者，青囊中出金花子丹方相遗之，服之即愈。" 丹方中有丹砂二斤等物，其他原料在山中可采，而"丹砂则渺然难致"。诗人"复偶于他方中见一说云，丹砂之不精者，服之令人多嗽。访知一处有此物甚佳，而必须钱千文，则三十二两当取六十四千也。空山卧疾，家业先贫，老母年尊，兄弟禄薄"，不得已请"名流贵族、王公卿士"一发仁恻之心，"若诸君子家有好妙砂，能以见及，最为第一；无者各乞一二两药直，是庶几也"。这就是著名的《与洛阳名流朝士乞药直书》一文的来由。

唐代诗人对金丹的向往一般都带着成仙的浪漫情怀，而卢照邻是带着疗疾的现实目的去炼丹服饵的。他恶疾缠身，曾撰《释疾文》云："死去死去今如此，生兮生兮奈汝何。岁去忧来兮东流水，地久天长兮人共死。"[①]可见他对健康生命有着常人所无的渴望。他在《怀仙引》中"天长地久时相忆，千龄万代时来游"的想象是由病身触发，并非由炼丹引起。然而，服食丹药最终也没有挽救卢照邻的性命。

以边塞诗闻名的岑参也有过炼丹经历。诗人十五岁时移居嵩山少室，在那里就亲见道士炼丹，印象深刻。后来有诗《寻少室张山人，闻与偃师周明府同入都》纪其事："中峰炼金客，昨日游人间……寂寂清溪上，空馀丹灶闲。"天宝三载登第前数年，诗人隐于终南山，曾在道士指点下进行炼丹实践。《下外江舟怀终南旧居》诗自谓："早年好金丹，方士传口诀。敞庐终南下，久与真侣别。道书谁更开，药灶烟遂灭。顷来压尘网，

---

①见《释疾文三歌》。

安得有仙骨。岩壑归去来，公卿是何物。"只可惜丹未成而人已去。储光
羲也在同样的地点进行同样的活动又生出同样的感慨：《终南幽居献苏侍
郎三首》其一说他"归来卧山楹"后，"灵阶曝仙书，深室炼金英"，只
可惜"羽化既有言，无然悲不成"。

诗人与道士的交往成为唐诗一个重要的题材。而这类题材的诗既是
思想文化领域开放的见证，又是唐代诗人追求生命永恒的见证。他们尽
管蒙昧，却也天真，使我们在千年之后能够感受到他们对生命的关注与
热爱。而这一切，又和道家关注现实人生的思想密切相关。

道家之诗

道教诗歌是中国传统文化中一个独特的文化与审美现象。它是中国
道教思想与古代诗歌相互渗透、相互融合的产物，是道教思想重要和独
特的载体。道教诗歌通过对道教思想和意识形态的挖掘与阐发，显现了
绚丽多姿的道教生活体悟与道教的宗教情怀。

隋唐以前的道家诗歌

道教诗歌发端甚早，在东汉时期就已经萌芽生长。《太平经》卷
三十八中的《师策文》说："吾字十一明为止，丙午丁巳为祖始。四口治
事万物理，子巾用角治其右，潜龙勿用坎为纪。人得见之寿长久，居天
地间活而已。治百万人仙可待，善治病者勿欺绐。乐莫乐乎长安市，使
人寿若西王母，比若四时周反始，九十字策传方士。"这十三句虽然是
修炼的口诀，但句末押韵、一韵到底，已见七言诗的端倪。《太平经》
卷一零三还有"比若万物生自完，一根万枝无有神。详思其意道自陈，
俱祖混沌出妙门，无增无减守自然。凡万物生自有神，千八百息人为
尊，故可不死而长仙，所以蚤终失自然，禽兽尚度况人焉"这样的七言
十句诗，也是句句押韵，颇具七言诗的雏形。魏晋南北朝时期，随着道

教的不断发展与壮大，道教诗也随之增加和日趋成熟。当时，不仅炼丹诗和咒语诗在道教门内大量出现，而且游仙诗在社会上也盛极一时，表现出现实社会的文化与审美追求。

所谓游仙诗，就是指描述灵异世界，以寄托个人怀抱的诗歌。它萌芽于秦汉，兴盛于魏晋，衰落于南北朝。与玄言诗一样，魏晋游仙体诗歌受道教神仙观念的强烈影响，以清俊飘逸的风神卓然标峙于文苑。秦汉以来，神仙之道盛行，上至帝王贵族，下至平民百姓，无不相信神仙。于是以表现这方面内容为主的游仙诗，就充满了对神仙的顶礼膜拜和对长生不老的企望，把人的生命运系于不可改变的定数和天命，把生存的希望寄托于神仙、丹砂，对死亡表现出十分的恐惧，对人生充满极大的迷惘。游仙诗的产生也和道家避世、养生、长寿的思想有深刻的联系，尤与道教的神仙憧憬有关。可以说，游仙诗是伴随着道教的产生、兴盛而发展起来的。一方面因道教信仰的核心是对生命的肯定和对永生的追求；另一方面道教的玄想又表现出浓厚的艺术性质。

"游仙"的渊源可追溯到战国屈原的《楚辞》。汉魏六朝时期，游仙诗曾风靡一时，广为流布，其体裁主要为五言。根据现存资料粗略统计，汉魏六朝时期的游仙诗作者有60余名，作品260多篇。《文心雕龙·明诗第六》说："及正始明道，诗杂仙心。"这里的"诗杂仙心"既可理解为老庄思想渗入诗歌，又可理解为诗歌杂有神仙道教的思想因素。如曹植《游仙诗》说："意欲奋六翮，排雾陵紫虚。蝉蜕同松乔，翻迹登鼎湖。翱翔九天上，骋辔行远游。" 曹植并不迷信神仙，只因为动乱的年代及诗人后期备受曹丕父子所忌，屡被奸佞所谗，名为诸侯，实同囚徒。他时刻感到"身轻于鸿毛，而谤重于泰山"，在提心吊胆中感到了时俗险恶，使他"饥寒备尝"，深感前途渺茫，乃思与仙人游。因此曹子建写游仙诗非列仙之趣而为忧患之辞，以幻想登仙来排解内心的苦闷。因此，他飘逸的诗风之中，却隐含着对现实生活的凄惶哀怨以及对自由的向往。再如嵇康的《游仙诗》："遥望山上松，隆谷郁青葱。自遇一何高，独立迥无双。愿想游其下，蹊路绝不通。王乔弃我去，乘云驾六龙。飘飖戏玄圃，黄老路相逢。授我自然道，旷若发童蒙。采药钟山隅，服食改姿容。蝉蜕弃秽累，结友家板桐。临觞奏《九韶》，雅歌何邕邕。长与俗人别，谁能睹其踪。"诗人以豪迈隽逸的浪漫手法，表现出强烈的遁世渴望。而这种渴望则来源于诗人现实生活的苦闷。全诗描绘奇丽，想象丰富，其"蹊路绝不通"的矛盾痛苦，通过对神仙世界的美好幻想而得以释放。

　　除游仙诗外，丹道诗也是隋唐以前道教诗歌的一种。丹道诗是反映炼丹修炼法门与活动的诗歌作品，分为外丹诗和内丹诗。作为一种特殊的文学样式，它不是以直接方式来表达意义，而是运用象征的手法含蓄地揭示炼丹原理，烘托出一种神秘的宗教气氛，创造炼丹的艺术与审美境界。相传出于阴长生之手的早期炼丹歌谣《太清金液神丹》等文运用的就是七言诗体。后来的道教修炼者在这个基础上加以演绎和发挥，终于形成了五百零四字的《太清金液神丹经》。其中有"金液丹华是天经，泰清神仙谅分明，当立精诚乃可营，玩之不休必长生。六一合和相须成，黄金鲜光入华池。名曰金液生羽衣，千变万化无不宜。云华龙膏有八威，却辟众精与魑魅，津入朱儿乃腾飞，所有奉词丑未衰。受我神言宜见迎，九老九气相扶持……"由此可知，早在魏晋以前就已有丹道诗的雏形。东汉末，魏伯阳所作《周易参同契》出于多层次表达的需要，也使用了诗的体裁来表述炼丹原理与功效。魏晋以降，随着炼丹实践的不断深化，用以表征炼丹法门与境界的各种丹道诗纷纷问世。当时社会上广泛流传的《黄庭内景经》与《黄庭外景经》均以七言诗的形式暗示道教内炼金丹的方法，其隐晦而朦胧的意象营造了独特的道教审美境界。

伍 诗人之道与道家之诗

唐代道家诗歌

在道士诗人中，数量最大的是早年出家并一直身在道门的正式道士。他们多是在道事之余偶尔为诗，作品数量大都不多。据考证，这些道士诗人在《全唐诗》中存诗的具体情况是：初唐6人，其中叶法善3首、司马承祯1首、冲虚子2首、李荣1首断句2、李播1首、张包3首；盛唐5人，其中王仙乔断句2、成真人1首、赵惑宗2首，被后人列为八仙之一的张果是一个例外，存诗51首，声名远扬、曾应诏为唐玄宗论道的吴筠是又一个例外，存诗一卷共24题118首；中唐7人，其中卢眉娘2首、吉中孚2首、许鹊2首、轩辕弥明1首、柳泌2首、韦渠牟22首，陈寡言虽有诗十卷，但却佚散，仅存2首；晚唐15人，其中王氏女1首、轩辕集1首、吴子来2首、吴涵虚1首、沈廷瑞1首、张令问1首、张辞4首，五代入宋的著名道士陈抟原有诗六百余首、今仅存十余首；陈曙1首、罗隐之1首、金可记2句、侯道华1首、徐灵府3首、彭晓2首、舒道纪2首。此外，后蜀无名氏编《大还丹照鉴》收杨玄一2首、杨真人2首、戚逍遥1首、彭真君1首、蓝大仙1首、韩蕴中13首。《道藏》收元阳子《还丹诗诀》卷上录真人《九转诗》9首。

道家之诗显然不同于文人之诗。在唐代道士诗人中声名最盛的当属吴筠。吴筠作为一位道士，无论在唐诗史还是在宗教文学史上都具有不同寻常的地位。他曾有过入朝避地的经历，又处于世俗化的"天使"地位。其诗在内容上以道为体，以儒为用，是列仙之趣的代表。多数诗近乎迷醉的幻想，虽不乏社会批判，但主要为全身远害。他的诗作在形式上偏爱五言、古体，喜爱联章组诗，具有浪漫的幻想色彩。

吴筠，字贞节，华阴人，生年不详。"少通经，善属文，举进士不第。性高洁，不奈流俗。乃入嵩山，依潘师正为道士，传正一之法，苦心钻仰，乃尽通其术。开元中，南游金陵，访道茅山。久之，东游天台。"从《旧唐书》的这段记载来看，吴筠自幼好学，天资聪颖，通经义，且擅长诗文，性情高洁，不随流俗。他自己满腹经纶，才华横溢，少年时也曾有过一般士子读书、科举和做官的理想，想通过科举求取功名，但却不幸落第，未中进士。他一向清高不俗，又酷爱道学，所以才入嵩山，师从潘师正学道。后苦心修道，周游名山，遍访高道，终有所成。权德舆《集序》载："生十五年，笃志于道，与同术者隐于南阳倚帝山，阅览古先，遐蹈物表，芝耕云卧，声利不入。"然而照吴筠自己说："弱冠涉儒墨，壮怀归道真。"①可见他青年时代所学甚杂，并不专于道家，只是经由某个契机，比如应举的失意，才笃志于求道的。

天宝初，吴筠以高蹈隐逸被唐玄宗征召入长安。但这时的他已厌倦红尘，不久便请度为道士，住嵩山从冯齐整受正一之法。此后所作的《步虚词十首》标志着他宗教观念与热情的顶点。随着他的道名日盛，唐玄宗越发敬重他，天宝十三年(公元754年)再度征他入京，令待诏翰林。吴筠献《玄纲》三篇，深得唐玄宗嘉许。然而吴筠毕竟是个受过儒家思想熏陶的人，他并没忘记君臣相与之道。因此"每开陈，皆名教世务，以微言讽天子，天子重之"。②唐玄宗曾问神仙修炼法，吴筠说："此野人事，积岁求之，非人主宜留意。"这样的告诫无疑是要杜绝唐玄宗的方外之心，因此便引起供奉僧流的嫉恨。吴筠本来就有"何当解维絷，永记逍遥墟"③的愿望，此刻忧讥畏谗，遂负归山。不久，"安史之乱爆发"，是他泛江东下，避地庐山。《晚到湖口见庐山作呈诸故人》写道："虚名久为累，使我辞异域。良愿道不违，幽襟果自得。故人在云峤，乃复同晏息。鸿飞入青冥，虞氏罢缯弋。"尽管刚从胡骑下逃出，他庆幸的却是脱离朝廷的拘束和恶僧的中伤。从入朝到避地这一段经历对他的影响似乎很大，使他求仙的热切渴望稍微冷却，而对世间生活却热心起来。《登庐山东峰观九江合彭蠡湖》有云："昔怀沧洲兴，斯志

---

① 见《酬刘侍御过草堂》。
② 见《新唐书·隐逸传》。
③ 见《翰林院望终南山》。

果已绍。焉得忘机人，相从洽鱼鸟。"虽然他仍旧志在遐举，期望"永用谢物累，吾将乘鸾龙"①，"挥手谢人境，吾将从此辞"②，但总算降格一等，愿与世上的隐君子狎于鱼鸟，相忘于江湖之上了。此后，他舟下建业，登会崤，渡浙江，定居天柱山。暇日参加江东文士的诗酒联唱活动，成为文学场一位颇世俗化的"天师"。《全唐诗》卷七八九《中元日鲍端公宅遇吴天师联句》末联吴筠句云："何意迷孤性，含情恋数贤。"自愧贪恋世情，道性迷失。诗作于宝应元年至大历三年(公元762至768年)间。而到大历九年(公元774年)参加颜真卿幕下文士的联句时，他就很坦然地说"维舟陪高兴，感昔情弥敦"③，完全是一副诗客的口吻了。四年后，吴筠卒于宣城道观中。留下诗文共四百五十篇，弟子邵冀元编为三十编，如今《全唐诗》及《外编》若收诗一三一首，虽亡佚已多，但其数量还是相当可观。

作为著名道士，吴筠的诗寄情山水之间，旷达天地之外，道情与自然浑然一体。尤其是道家的遗世思想在其诗中显得非常突出。尤其是他的五十首《高士咏》从混元皇帝开始直到陶渊明，除了道家人物，便是隐士。从这组诗我们可以看出吴筠虽然是道教中人物，但他并没有完全忘怀世情。这恰恰和作为世俗之人的慕道者的思想价值取向完全相反。

关于吴筠的诗，权德舆作《集序》曾有评价云："属词之中，尤工比兴，观其《自古王化诗》与《大雅吟》、《步虚词》、《游仙》、《杂感》之作，或遐想古礼，以哀世道；或磅礴万象，用冥环枢；稽性命之纪，达人事之变，大率以音神挫锐为本。至于奇采逸响，琅琅然若戛云傲而凌倒景，良间松乔，森然在目。近古游云外而言六义者，先生实主盟焉。"这段话字里行间对吴筠充满了景仰和赞扬。因为权德舆的年辈比吴筠稍后，所以，他所见的吴筠诗肯定比我们今天所见到的要多

①见《游庐山五老峰》。
②见《登北固山海》。
③见《登奴山观李左相石尊联句》。

得多。他的评价应该说是就吴筠诗歌的整体出发的，也是比较客观的。至于《旧唐书》所说的"虽李白之放荡，杜甫之壮丽，能兼之者，其唯筠乎！"确实有过誉之嫌，但也足以看出吴筠在唐诗领域的地位。

一心向道的司马承祯

司马承祯(647—735)，字子微，号白云子，谥真一先生。河内温(今河南温县西)人。早年随嵩山道士潘师正学符箓、辟谷、导引和服饵等方术，后隐居天台山，著有《坐忘论》、《天隐子》等，是茅山宗第四代宗师。司马承祯倡导去欲主静、"坐忘"、"收心"，诱导人们脱离对外界的接触与认识的修行方法和认识论，不仅对道教而且对北宋理学的"至静说"，均产生了直接的影响。司马承祯是在老、庄及道教上清派思想的基础上，接受了佛教止观、禅定学说以及儒家正心诚意的思想，从而形成了自己系统的修道成仙理论。

司马承祯曾多次谢绝了皇帝的挽留。女皇武则天很器重司马承祯，曾亲自把他召进洛阳，"降手敕以赞美"。离开洛阳前，武则天又派麟台监李峤在洛桥之东为其饯行。景云二年，唐睿宗又令其兄承祎就天台山追之至京（长安），引入宫中，"问以阴阳术数之事"。"承祯固辞还山，仍赐宝琴一张及霞纹被而遣之，朝中词人赠诗者百余人"。唐玄宗开元九年，又"遣使迎入京，亲受法箓，前后赏赐甚厚。十年，驾还西都，承祯又请还天台山，玄宗赋诗以遣之"。还是那位诗坛领袖李峤，他又写了《送司马先生》一诗："蓬阁桃源两处分，人间海上不相闻。一朝琴里悲黄鹤，何日山头望白云。"徐彦伯的《白云记》当即从此诗末句得名。司马承祯归天台后，仍有人念念不忘。张说赋《寄天台司马道士》诗云："世上求真客，天台去不还。传闻有仙要，梦寐在兹山。朱阙青霞断，瑶堂紫月闲。何时柱飞鹤，笙吹接人间。"渴望被司马承祯引入仙境，这就是当时诗人们对司马承祯的普遍心态。在司马承祯心里，坚定树立着一个信念：要修道成仙，就必须得"信敬"、"断缘"、"简事"。这也是司马承祯多次被皇帝延请，最后终于坚辞还山的原因所在。

司马承祯的诗作《全唐诗》仅存《答宋之问》一首。诗云："时既暮兮节欲春，山林寂兮怀幽人。登奇峰兮望白云，怅缅邈兮象欲纷。白云悠悠去不返，寒风飕飕吹日晚。不见其人谁与言，归坐弹琴思逾远。"这是他和诗人宋之问之间的酬唱之作，诗人由于"怀幽人"而登上"奇峰"，只可惜等到天晚还未见幽人归来，因而心生惆怅。"归坐弹琴思逾远"表现了对宋之问的怀念，因为"不见其人"，无法当面交谈，便只有"归坐"远思了。此诗中的道家道教意味并不是很浓，而对于友人的怀念之情却溢于言表。宋之问的原诗《冬宵引赠司马承祯》云："河有冰兮山有雪，北户墐兮行人绝。独坐山中兮对松月，怀美人兮屡盈缺。明月的的寒潭中，青松幽幽吟劲风。此情不向俗人说，爱而不见恨无穷。"宋之问是因为求访司马承祯未见，心中之事又不愿向"俗人说"，因而感到很遗憾。诗中对司马承祯隐居地的环境也进行了一番描绘，更烘托出了这位高道的高洁与脱俗，从而表现了自己对于高道的倾心和向往。

云游四方的毛仙翁

唐代还有一位有名的道家诗人毛仙翁。

毛仙翁是当时活动范围极大的方士。韩愈《送毛仙翁》诗序云："仙翁姓毛氏，名于，姬与韩为族，愈末年为弟也。相识于潮阳逆旅，叙宗焉。察其言，不由乎孔圣道，不由乎老庄教，而以惠性知人爵禄厚薄，寿命长短。"此诗并序载于《唐诗纪事》卷八一。《全唐诗》中载有当时名士武元衡、李益、裴度、李绅、元稹、令狐楚、牛僧孺、李宗闵等二十余人皆赋《赠毛仙翁》诗。此外，白居易诗题为《送毛仙翁》，张为诗题为《谢别毛仙翁》，刘禹锡有《赴和州于武昌县再遇毛仙翁十八兄因成一绝》。可见毛仙翁在当时士林中的影响之巨大。

白居易《送毛仙翁》作于他被贬江州时。字里行间充溢着对毛仙翁的感激。诗人们都认定毛仙翁身怀长生术，揣着不死药，沈传师说仙翁下凡是"为把仙方与世传"，杨於陵也说毛仙翁"千年犹孺质，秘术救尘寰"，李翱说他是"紫霄仙客下三山，因救生灵到世间"。因而大家都异口同声地要求成为随侍仙翁的门徒。令狐楚就说："既许焚香为弟子，愿教年纪共椿同。"王起说："若许随师去尘网，愿陪鸾鹤向三山。"李宗闵说"残药倘能沾朽质，愿将霄汉永为邻"，只愿为邻而不提为徒，在诸人态度中最称平和。李绅则对毛仙翁大套近乎，先认定毛仙翁是老子。老子姓李，而"我亦玄元千世孙"，一笔写不出两个李字，接着不顾辈分地呼祖为兄，说"仙兄受术几千年"，"今朝稽首拜仙兄，愿赠丹砂化秋骨"。杨嗣复也说仙翁"肘后金壶盛妙药"，"愿乞刀圭救生死"。张仲方的"待我休官了婚嫁，桃源洞里觅仙兄"。崔郾说"终待此身无系累，武陵山下等黄公"，则典型地反映出中唐士人汲汲于世俗又难舍道教长生诱惑的复杂心态。

还有一位曹唐。他初为道士，后还俗应举，屡试不第。但作为道士诗人，他却是成功者。所作大游仙诗50首，今仅存17首，另有小游仙诗98首，内容极其丰富。其中的大游仙诗为七律体，取材于各种仙道神话传说，构成了若干组诗，这是仙话故事与诗歌在叙事意义上的第一次有意识的大规模结合。其小游仙诗为七绝体，把凝结了初民美好愿望的仙人诸特征作了全面再现，并有意把仙界塑造成堪与俗世对应的等级社会，同时在那个虚幻的社会中体现了诗人的人生理想。曹唐游仙诗的集成性、人间化特色和数量上的前无古人，使他与郭璞一起被并尊为诗歌史上的游仙诗代表作家。可以说，曹唐的道士生涯成就了他的诗名。

　　在道家诗人中，吕洞宾存诗最多。《全唐诗》中收录了四卷、258首。吕洞宾是河中永济人。他的爷爷吕渭是唐玄宗天宝年间的进士，唐德宗时官至礼部侍郎、湖南观察使。唐懿宗咸通年间，吕洞宾赴长安参加进士考试，结果名落孙山，于是游终南山、华山。在华山时，据说遇见了隐士钟离权，得道成仙。唐代是否真有吕洞宾其人，尚有争论。但道教的全真道派把他尊为"纯阳演政警化孚佑帝君"，俗称纯阳祖师或吕祖，证明此人还是有的。他传世的诗作，以通俗的语言，阐释老子的思想和全真道的神道观。他有一首《呈钟离云房》大概是他拜师的投赠之作："生在儒家遇太平，悬缨重滞布衣轻。谁能世上争名利，臣事玉皇归上清。"他直接明言自己生在一个念书人家庭，幸好遇见天下太平。所以，他感到穿着官服太重，还是做平民、穿布衣轻松。正因为如此，他就声明：自己不会在尘世间争名逐利，而是要升仙，到上清宫去伺候玉皇大帝。他所有的诗几乎都是围绕这一主题来写的，比如《七言》之三："落魄红尘四十春，无为无事信天真。生涯只在乾坤鼎，活计唯凭日月轮。八卦气中潜至宝，五行光里隐元神。桑田改变依然在，永作人间出世人。"

　　这首诗应该是吕洞宾在长安参加进士考试落榜后写的。如果说前一首诗的核心是淡泊名利、追求升仙的话，那么，这首诗可以看做是他在老子《道德经》的影响下，摆脱红尘，以无为、无事的道义作为自己人生的指南，任凭尘世沧海桑田，他自己始终是一个超然世外的人。用他在《献郑思远施真人二仙》一诗中的话说，就是"抛家别国云山外，炼魄全魂日月精"。他的一百一十三首《七言》诗以炼丹服药为中心全面阐释了道教全真派的理论。虽然诗味不浓，但对于人们了解全真道还是有很大帮助的。他的"全真"观念，实际上就是保持人性中的真善美。《五言》之八说："不欺三光不负人，不欺神道不欺贫。有人问我修行法，只种心田养此身。"对于那些富贵人学道，吕洞宾很不以为然地说："学道须教彻骨贫，囊中只有三五文。"意思是：穷人的心境相对于富贵人来说很清静。话虽通俗，却是千古至理名言。

和吴筠、曹唐等道人不同，吕洞宾的诗很少涉及对尘世生活的描写，而是以神仙道术为主。这和后来北宋道学家的讲义诗没有什么区别。

风流的女冠诗人

在唐代历史上，女冠诗人也是大放异彩的群体。历史上，从来未有过哪个朝代有着如此多的女冠诗人，也从未有过哪个朝代女冠的地位如此之高。她们出入上流社会，同名流诗人来往唱和。在唐王朝大力推崇道教的文化背景下，有相当一批出身上流社会的女性，包括公主、贵妇、宫人等出家入道。随着道教"世俗化"程度的加深，道士们更广泛地参与到社会生活中。这样在各种主客观因素的影响下成为道士的她们，往往以道士的特殊身份和士大夫广泛结交，参与到社会生活中，因而女道士也成为唐代道教诗歌创作的重要群体。

唐代也是女性空前解放的时代。"唐代妇女生活在文明开放的社会风气中，所受的束缚较少。那时的妇女敢抛头露面，可以骑着高头骏马招摇于通衢闹市，可以披着透明的丝织品，自然展示她们丰满的倩影，可以和着欢快的音乐跳着胡旋舞，连道姑、女尼和妓女也可以同达官显贵在一起吟诗作文，与文豪名儒结为文友，互相唱和。"[①]唐代女性入道之风极盛，仅公主入道者便有十数人之多。

除公主之外，宫人入道亦多。这可以从《全唐诗》中反映出来。不少诗人都有"送宫人入道"的诗，宫人入道是皇家对宫女的安置办法之一。如《旧唐书·文宗纪》："开成三年六月，出宫人四百八十人，送两街寺观安置。"唐代宫人入道较多，然而大多是非自愿的，是在年老色

①见赵文润先生所著《隋唐文化史》。

衰之时的无奈之举。

此外，如卢眉娘的事迹，《太平广记》卷六六中载："唐永贞年，南海贡奇女卢眉娘，年十四岁……眉娘不愿在禁中，遂度为道士，放归南海，仍赐号曰逍遥。"唐代宫人中也有自请入道和随侍公主入道的。关于宫人入道之事，中晚唐诗人张籍、王建、戴叔伦、项斯、于鹄等诗人的诗歌作品中均有所提及。唐代宫女入道之众，由此可见一斑。

在唐代女冠诗人中，成就最高，声名最著的当数李冶、鱼玄机、薛涛三人。

李冶，字季兰，乌程（今浙江吴兴）人，中唐女诗人，中唐初期为女道士。高仲武最早把她的诗选入《中兴间气集》。关于李冶，还有一个小故事。计有功在《唐诗纪事》中说："季兰五六岁，其父抱于庭，作诗咏蔷薇云：'经时未架却，心绪乱纵横。'父患曰：'此必为失行妇也。'"小小年纪，竟能吟出这样的诗句，足见其才华和不拘礼法的本性。所以，李冶十一岁时，便被送入玉真观中作女道士。清人纪昀在《四库全书简明目录》卷十九中说："唐女子工诗者多，然无出李冶之上者。"虽有些过誉，但足以看出李季兰的诗才之高。李季兰一生和很多文人才子都有过来往，凭借自己的才华成为当时著名的女道士和女诗人，并写作出大量的诗篇。

天宝年间，李冶曾被唐玄宗召入京城，优赐甚厚，后遣归故山。到了晚年，她又一次被召入宫中。建中四年(公元783年)，太尉朱泚自立为帝，李冶上诗朱泚，以示忠心。后来朱泚溃败，德宗回长安，遂令扑杀之。《全唐诗》辑李冶诗十六首，补遗二首，共十八首。

李冶以五言诗见长，特别是她的《八至》诗受人称道："至近至远东西，至深至浅清溪，至高至明日月，至亲至疏夫妻。"

首尾两句最值得回味。"至近至远东西"讲的是方位哲理，如以某一点为界的话，那么界两边的"东"和"西"即为紧邻，然而自此以往，"东"和"西"可以无限拉长。最后一句"至亲至疏夫妻"又满含生活哲理：它极为准确地概括了人类特有现象——夫妇之间那种或亲如一人或视同仇雠的说不清、道不明的复杂关系。哲理逻辑思维向来不是妇女的强项，而李冶能写出如此深邃简明的哲理诗，难能可贵。

再如《相思怨》："人道海水深，不抵相思半。海水尚有涯，相思渺无畔。携琴上高楼，楼虚月华满，弹着相思曲，弦肠一时断。"

海纳百川，故成就其无限广阔。人人都说海水深不可测，但是在诗人眼里，海水再深也抵不上相思之一半。海水尚且有边有岸，相思却是深广渺茫得让人触摸不到边际。

《感兴》也是耐人寻味的诗："朝云暮雨镇相随，去雁来人有返期。玉枕只知常下泪，银灯空照不眠时。仰看明月翻含意，俯眄流波欲寄词。却忆初闻凤楼曲，教人寂寞复相思。"

诗人通过朝云、暮雨的常相伴，去雁来人的有归期来说明有情人的分别是暂时的，最终还是要相聚。接着笔锋一转，长伴着诗人的却是那不眠的孤枕和相思泪。偏偏是明月有情，流水有意，而诗人思念的情人却一去不返，留下无限思念给自己。

李冶是古代女冠诗人的典型代表，她有着不平凡的生平经历：出身不明，以女冠形象站在世人面前；具有才情，与文人雅士交游唱和；因诗才被皇帝召见，却又因诗而断送了自己的性命。李冶诗歌创作在内容上多关注内心情感世界，体现了女诗人的特点。艺术手法多样，巧于用典、精于描摹、工于格律，表达上大胆、直率，突破了前人"内敛含蓄"的风格，女性意识的表达更为直接、强烈。在女冠诗人中，李季兰更多的是关注世俗人的情感世界，而不是道教中的宗教思维。

薛涛，字洪度，长安人，幼时随父入蜀，父亲早卒，生活极其困顿。薛涛姿容艳丽，天资慧敏，八岁已能作诗，少年时即有诗名闻于外。如《唐才子传》所说，"性辨慧，调翰墨"。章渊《稿简赘笔》载云："涛

八九岁知格律，其父一日坐庭中，指井梧而示之曰：'庭除一古桐，耸干入云中。'令涛续之，应声曰：'枝迎南北鸟，叶送往来风。'父愀然久之。"后沦为乐伎。她和道教的关系，很少有人注意。《全唐诗》载薛涛"暮年屏居浣花溪，著女冠服。"可见薛涛晚年也曾入道。

蜀地是道教发祥地之一，也是道教最盛行的地区之一，高骈更是一个虔诚的道教信徒。薛涛生活在这样一个环境里，不能不受到道教的影响，特别是"著女冠服"一句，更能说明她晚年以道士自居。在薛涛的诗中，也可看出她对道教的信仰。她的《试新服裁制初成三首》充满了道教情怀。其一："紫阳宫里赐红绡，仙雾朦胧隔海遥。霜兔毳寒冰茧静，嫦娥笑指织星桥。"其二："九气分为九色霞，五灵仙云五云车。春风因过东君舍，偷样人间染百花。"其三："长裾本是上清仪，曾逐群仙把玉芝。每到宫中歌舞会，折腰齐唱《步虚词》。"

薛涛性格豪爽，与文人名流如元稹、韦皋、高崇文、武元衡、王播、段文昌、李德裕等均有来往。韦皋曾罚她去边地松州，她被召回成都后，愤而脱身乐籍，隐居成都西郊浣花溪，但仍不能完全摆脱侍宴官僚的生活境遇。晚年迁居城西北隅碧鸡坊，建吟诗楼，大和六年卒，终年六十三岁，葬东郊。薛涛死后，蜀帅段文昌为其撰"墓志"，并题其墓碑曰："西川校书薛洪度之墓。"薛涛诗相传有五百多首，大多已亡佚。其《江边》诗："西风忽报雁双双，人世心形两自降。"面对"秋雁双双"，诗人返照自身，刹那间心境与世境自然契合，顿悟自然人生之真谛。诗人对照客象，感悟人生，仿佛人与自然之间真有灵气往来排宕。这些诗都具有浓烈的道教色彩，可谓是女冠诗的当行之作。这种清虚旷远的意境，充分体现了女冠诗作的道家道教审美风貌。

李冶和薛涛等女冠诗人，并非虔诚信仰道教的女子。她们名义上是女道士，实际上更向往、更愿意体验俗世中自由的生活。与其相比，卢眉娘、杨敬真、戚逍遥等一批女冠诗人则是立志置身世外，希望摆脱人间纷扰与困惑。她们都是遁世求道、潜心修炼，以期摆脱尘世浮华、羽化升仙的虔诚道教徒。她们接受道家道教思想是出于自愿，出于对道家道教成仙长生的笃信，而道教义理也是她们的人生信仰和追求。因而，她们的诗歌创作更多地表现出对于成仙的渴望和对道家道教思想的信奉。其诗作如：

蚕市初开处处春，九衢明艳起香尘。

世间总有浮华事，争及仙山出世人。[1]

笑看沧海欲成尘，王母花前别众真。

千岁却归天上去，一心珍重世间人。[2]

人世徒纷扰，其生似梦华。谁言今昔里，俯首视云霞。[3]

这些比起前文所举的薛涛等人诗作，道教的氛围明显更浓，逍遥于世外的愿望更加强烈。如果说之前所述可称之为文人诗的话，那么卢眉娘等女冠的诗作可称为道士诗了。这些接受了道家道教思想之后的唐代女冠诗人，无论是思想倾向、生活方式、交际范围，还是她们的诗歌创作，都表现出了与一般女性诗人截然不同的风貌，道家道教思想成为了她们心灵的慰藉和避风的港湾。

---

①卢眉娘《锦城春望》。
②戚逍遥《歌》。
③杨敬真《会真诗》。

陆

道家与中国隐逸文化

从"终南捷径"到隐逸诗歌

以楼观为中心的道家渊薮与唐代隐逸文化有着历史的渊源。

大凡接触过唐诗的人,都知道"终南捷径"这个典故是著名道士司马承祯讽刺假隐士卢藏用时说的。

传说毕竟是传说,无法考究其真实性。文献记载中有名有姓的隐士应该是伯夷和叔齐。武王革命灭商,他俩因为自己是商朝的官吏,不愿意向周武王称臣,一同跑到首阳山隐居起来。他俩的隐逸已经带有明显的忠臣色彩,所以引得后人对他们无不充满敬意。长安区鸣犊镇有一座伯夷叔齐庙,庙里廊檐的楹联是这样说的:"几根傲骨撑持天地,两个饿肚包罗古今。"活灵活现地描绘出这两位隐士的精神风貌及其对后世的影响。

　　中国第一个隐逸诗人陶渊明自称不愿意为了几斗俸米而向乡里小儿点头哈腰，就弃官，回到家乡的庐山下隐居了。其实，陶渊明没说实话。他回到乡下隐居，是因为觉得像他那样门第高贵的人在官场上做个小官实在是有辱祖宗的光辉历史。因为他的曾祖父陶侃是西晋朝大司马，位在三公之上，地位显赫。在门阀士族占据高位的时代，陶渊明却长期沉沦下僚。他说自己"少无适俗韵"①，正是门阀士族观念支配下的一种自我清高。

　　到了唐代，由于开放清明的社会文化环境，隐逸竟然发展成为一股时髦的社会潮流。在东起华山，西到太白山的秦岭北麓，到处都可以看到隐士的身影。即便是不隐居，他们也要在这里构建自己的别业或草堂，时不时地徜徉于终南山的林泉、沟壑。

　　不过，唐人的隐逸不像唐前的隐逸那样远离红尘、回归山林乡野，基本上过着与世隔绝或与世无争的平静生活。唐代文人的隐居地都在京城附近，像长安城南的终南山，东都洛阳城南的少室山、太室山以及嵩山。尤其是终南山，因老子在此传授过《道德经》而成为许许多多文人士子争相隐居的圣山。

隐居与入世

　　隐居只是文人出世的一种形式外壳，实际上是他们为了求取功名而采取的迂回策略，卢藏用就是一个突出的代表。"终南捷径"这个典故最早出现在唐人刘悚所撰写的《大唐新语》卷十。说的是长安人卢藏用年轻时不愿走科举考试的路子，就到终南山隐居，后来终于做了高官。

----

①见《归园田居》。

　　卢藏用为什么不愿走科举考试的路子？因为那时进士很难考，录取的人数极其有限，每年也就录取那么三十几名，这个数字还占不到全国人口的千万分之一。宋朝就不同了，进士录取名额很多，每年有四五百人，所以，文人参加进士考试录取的几率很高。而宋代[①]的人口和唐王朝的差不多，一旦考中了进士，待遇又相当好。所以宋代文人很少感叹自己怀才不遇或者生活状况窘迫。由于唐代进士考试很难，在考试中甚至出现冒名顶替等作弊行为，目的就是为了尽快出人头地。针对这种局面，女皇武则天就想了一个办法：把试卷上考生的名字糊起来。"糊名"的密封卷由此产生，并一直沿用到现在。

　　卢藏用不想参加进士考试，就想了一个先博取名声、然后步入官场的办法：到京城长安城南的终南山去做隐士。不过，他可不是遁迹山林远离红尘的真隐士，而只是用隐逸来提高自己的社会知名度。他很关心女皇的行踪，女皇去洛阳，他也紧随其后，从长安赶到洛阳城南的少室山，和那里的一些比较有名的隐士谈玄说道。人们都知道他的用意，就送给卢藏月一个"随驾隐士"的外号！慢慢的他名字也就传进了皇宫，武则天是个善于给自己笼络羽翼的人，就召卢藏用进宫，给他授了一个八品的左拾遗，把他留在朝廷。由于他善于钻营，到唐中宗、唐睿宗朝，他先后作过吏部侍郎、中书舍人、黄门侍郎兼昭文馆学士等高官。

　　"终南捷径"这个典故产生于唐睿宗朝。唐睿宗期慕仙道，就把天台山道士司马承祯召入长安，想让他一边做官，一边给自己传授道术。司马承祯不肯接受，执意要回天台山去。卢藏用就对他说："长安城南的终南山里也大有佳境。你就不用舍近求远，回天台山去了。"司马承祯知道卢藏用的底细，笑了笑，

唐睿宗李旦

①这里指北宋。

对他说："依我看，终南山是追求仕宦者的捷径！"卢藏用听了，"面有愧色"。

也难怪司马承祯讽刺卢藏用把隐居作为自己进入官场的捷径，因为他本来就不是一个真正的隐士。我们在《全唐诗》和《全唐诗外编》中，没有发现卢藏用写过一首与隐逸有关的诗歌，反倒是他进入官场以后的那些曲意逢迎权贵的诗歌流传了下来。所以，"卢藏用式的隐逸"已经是隐逸的变异，它和原始的带有葆真性质的隐逸有天壤之别。

在唐代，为了功利目的的文人们已经把隐逸作为沽名钓誉、进而获取政治资本的手段。卢藏用步入官场以后，不仅曲意逢迎权贵，而且竭尽奢华之能事。在政治上，他先投靠唐中宗的女儿安乐公主，后来又投靠太平公主。所以，李隆基当了皇帝后，他被流配到岭南，后来死在黔州①长史任上。像卢藏用这样结局的隐士在唐代隐逸诗人中毕竟是个例外，多数先做过隐士、后来入朝做官的文人还是能把握好自己的人格的。即便是无法又隐入仕，他们在人格上还是比较正派的。

所以，司马承祯讽刺卢藏用，是已经名满天下的人对尚未取得功名的人摆出一副教训的架势，借以显示自己人格的高尚。话说回来，卢藏用要是不走隐逸之路，说不定永无出头之日，最起码在辞典中没有"终南捷径"这个典故了。这就是《庄子外篇·缮性十六》所说的："古之所谓隐士者，非伏其身而弗见也，非闭其言而不出也，非藏其智而不发也，时命大谬也。"

从庄子的话中可以看出，以隐居求取功名，这是一些文人不得不采取的方法。

孟浩然的悲剧

孟浩然就是如此。他先隐居在襄阳的鹿门山，倒是有了一些名声，

①指今重庆彭水县。

但是，直到四十岁，皇帝还没有下诏召他进宫。他忍耐不住了，就自己入京，参加进士考试。结果没考上，就在终南山找了个地方住了下来。虽然他也认识了张九龄和王维，但王维是个事不关己，高高挂起的人。张九龄也仅是对孟浩然的诗感兴趣，别的他就不管了。隐居了一段时间，还是没有动静，他就写诗发牢骚说："北阙

孟浩然

休上书，南山归敝庐。不才明主弃，多病故人疏。"①从前两句诗可以看出他对自己的前途很失望，就劝自己还是回到南山的破茅庵中去吧！他这样说是有原因的。孟浩然原以为有好朋友王维的引荐，自己肯定在仕途上能有个好结果，可王维就是不帮忙。他在回南山前，给王维留了一首诗："寂寂竟何待，朝朝空自归。欲寻芳草去，惜与故人违。当路谁相假？知音世所稀。只应守寂寞，还掩故园扉。"②这首诗不是告别老朋友，而是直接流露出对王维的不满。诗人从自己入长安后的处境开始说起：你这样无声无息地等什么？每天都是愿望落空。为什么会这样呢？孟浩然直言不讳地说：那些有地位有身份的人（当路）没有一个人给自己帮忙，看来我在京城没有一个知心的朋友。这话自然是说给王维听的，因为他当时身居侍御使的要职，只要张个嘴，孟浩然也不止于"朝朝空自归"了。可王维没有这样做。

但好事者却从"不才明主弃，多病故人疏"这两句诗编出一个故事，说明王维还是一个热心给人办事的人。故事是这样的：有一天，孟浩然去拜访王维。俩人正交谈着，家人报告说皇帝（唐玄宗）来了。回避已经

---

① 见《岁暮归南山》。
② 《留别王维》。

来不及了，王维就让孟浩然藏在"床"（坐榻）下。唐玄宗坐定后，无意中发现坐榻下藏着一个人，王维只好如实相告。孟浩然出来后，唐玄宗说："听说你的诗写得好，你吟一首让朕听听。"孟浩然就吟了《岁暮归南山》。当唐玄宗听到"不才明主弃，多病故人疏"时，很不高兴，说："你不求朕，怎么能责怪朕把你抛弃了呢？"停了一下，又说，"你为何不吟诵'气蒸云梦泽，波撼岳阳城'呢？"遂弃置不用。

编这个故事的人忘记了一个事实：孟浩然这次到长安，是在开元十七年前后。而"气蒸云梦泽，波撼岳阳城"这一联诗出自孟浩然八年后写给张九龄的《临洞庭上张丞相》。编造故事的人把孟浩然八年后写的诗拉进故事里，实在是大错特错。不了解底细的人还会埋怨孟浩然不识时务，白白丢掉了一次绝好的机会。

隐居终南山并不能给所有的文人都提供一条出仕的捷径，至少清代的张琛对终南捷径并不认可。他是北京人，长期在陕西担任县令之类的小官。他有感于自己长期得不到升迁，就写了一首《终南山》："白云窟里老书生，十载青山相送迎。走遍终南八百里，并无捷径许人行！"

李白在终南山的隐居

除了卢藏用，在唐代诗人中，通过隐逸博取声名、进而达到出仕目的的，李白算是最有代表性的人物之一。

早在青年时代，他就曾经隐居在成都附近的青城山，跟随著名道士赵蕤修道。开元十八年，在著名道士元丹丘的引荐下，他第一次入长安，想通过拜访唐玄宗的妹妹玉真公主（即女道士持盈法师）达到入仕的目的。进京后，在玉真公主的侄女婿张垍的带领下，李白到了楼观。因为玉真公主的别馆就恰恰在楼观之南。结果，玉真公主并没有见李白。但他并不甘心，就在楼观附近找了一块地方作为他的隐居之地。这就是李白常常在诗中提起的终南山松龙旧隐。

李白在终南山的隐居之
地靠近玉真公主的别馆，这
绝对不是偶然的巧合，它正
好说明李白从一开始就把隐
逸作为自己谋取政治地位的
手段。

在中国传统文化中，
隐逸可以说是道家文化产
生的思想基础。因为最初

终南山隐居草屋

的隐逸追求的是一种回归人性的自然，而这种自然恰恰成为道家所顺
应的最高境界。老子的《道德经》从严格意义上说，应该是《德道
经》。因为，"德"比"道"要低一个层次，而"自然"又比"道"
高一个层次。"自然"是统领一切的。按照老子的本意，人的精神追
求应该是向上升的。在马王堆楚墓中出土的先秦文献中，"德"经在
前，"道"经在后，这绝不是抄写的错误，其文字和现在通行的《道
德经》也基本上没有什么差别。这说明：在先秦时期，老子的《道德
经》应该是鼓励人们向上的《德道经》，而不是像现在通行的不能得
道而求其次的《道德经》。

李白不仅信仰道家思想，而且对道教也很痴迷。他曾经受过道
箓——也就是履行了严格的入道仪式，这在唐代诗人中是独一无二的。
他后来游历到了庐山，当他的第二个妻子宗氏要去庐山寻找著名女道
士李腾空时，他不仅同意了，还对妻子说："若爱幽居好，相邀弄紫
霞。"①你要是觉得那里好，就别回来了，我也去和你一起修道。李腾
空是宰相李林甫的女儿，而李白的妻子宗氏是唐中宗时宰相宗楚客的女
儿。两个女人都算是豪门贵族出身。李白让妻子出家入道，而他自己尽

---

① 见《送内寻庐山女道士李腾空二首》其二。

诗人的楼观情结

管也有过隐居的经历，却从来没有远离过红尘。

所以，李白的隐逸，实际上是做做样子。而且，他还要走上层路线，不想通过科举考试谋求一官半职。这就是他为什么要把自己的隐居之地选在距离玉真公主别馆不远处的原因。

本来隐居就是为了求名，提高自己在社会上的声望。但是，李白自己从不公开承认这一点。他在《与贾少公书》中说："白不树矫抗之迹，耻振玄邈之风……岂徒贩卖云壑，要射虚名？"这几句话的大意是说：我李白不是那种故意装出清高不俗，借隐逸来抬高自己身价，邀取虚名的人。把他的这种遮遮掩掩的言辞和实际行动联系起来，我们就可以发现李白所谓的正直人格中掺杂着那么一点点虚假成分。可是，有些人却为李白辩护。比如，"安史之乱"初期，李白被永王李璘征辟为幕僚，就是因为他在社会上已经有了一点点名气。可是有人却说李白是被胁迫上了贼船。理由是：李白在《与贾少公书》中说：永王璘"严期迫发，难以固辞"。可是，李白紧接着说自己就好比是东晋的殷深源和谢安，自己的出、处关系到国家的兴亡。根本看不出他是被胁迫上了永王璘的船队。

当然，李白也有苦恼的时候。苦恼了，就喝酒，终日醉醺醺的。老婆宗氏对他很有意见，他就写诗说："三百六十日，日日醉如泥。虽为李白妇，何异太常妻。"①从这首诗可以看出，一年到头，他都是醉醺醺的。喝醉了，就迷迷糊糊地睡了，和老婆的关系也就淡漠了，老婆当然有意见。李白也觉得有些愧对老婆，就说：你嫁给我，和嫁给太常寺的人没有什么区别。太常寺，汉代以来，朝廷设立的管理祭祀礼乐的机关。在这里任职的官员，即便是结婚了，也不能经常回家和老婆住。这就是李白所说的"虽为李白妇，何异太常妻"。

李白虽然把终南山的松龙作为他的隐居之地，但并不是老老实实地住在终南山里，而是住在京城长安。他为了显示自己不同凡响，就写

---

① 见《赠内》。

写向往隐逸的诗，如《望终南山寄紫阁隐者》："出门见南山，引领意无限。秀色难为名，苍翠日在眼。有时白云起，天际自舒卷。心中与之然，托兴每不浅。何当造幽人，灭迹栖绝岩。" 紫阁，就是紫阁峰，在楼观的东面。他认识一个在那里隐居的人，就把他称作紫阁隐者。他说：自己在京城，可是一出门就看见终南山。只要一看见终南山，他就流露出无限向往的深情。之所以如此，是终南山的秀色简直无法形容，而最令他向往的，是那在天边自由舒卷的白云，几乎带走了他的心。于是他就想：当他去拜访紫阁隐者的时候，就和他一起隐居。所谓"天际自舒卷，心中与之然"就是道家所说的"适性"，就是自然。李白尽管把隐逸作为进身仕阶的敲门砖，但他毕竟代表了文化人格，就是对自由自在人生的追求。

在离开长安以后，虽说有一种回归自然的轻松感，但李白并没有忘记自己的社会责任。正如他在《梁园吟》中所说的："东山高卧时起来，欲济苍生未应晚。"有了这种思想，我们就可以理解李白为什么有时隐居，有时又出山去寻求仕途上的出路。

家贫不嫌微官冷

唐代不少诗人，在求仕过程中，差不多都在终南山找块地方构置一所草堂，作为在京城求仕时的暂时栖身之所。比如岑参，他有一首《初授官题高冠草堂》："三十始一命，宦情多欲阑。自怜无旧业，不敢耻微官。涧水吞樵路，山花醉药栏。只缘五斗米，辜负一渔竿。"

岑参是唐太宗时的宰相岑文本的曾孙。不过，到他这一代的时候，家道已经破落了。他是天宝五年考中进士的。对许多知识分子来说，能够进士及第，已经是让人高兴不已的事情。可是，岑参却高兴不起来。为什么？奔波了多年，已经三十岁的人了，才考中进士，做官的

心情早就没了。但是，由于家境贫寒，尽管自己被授了个右内率府兵曹参军事的小官，也不敢不去。人总得活下去，为了养家糊口，官再小，还得干。"只缘五斗米，辜负一渔竿"，反映了作者在仕途上的矛盾心态。

但是，有的隐士参加科举考试仅仅是为了证实自己的才能。唐宪宗时的费冠卿就是一例。他考中进士后，给他授官时，他不干，执意回到家乡九华山去过隐居生活。

隐逸，在唐代成为文人雅士趋之若鹜的一种社会风尚。这不仅因为唐王朝上层对隐逸不时地予以赞誉，也因为隐逸和修身养性、追求长生有关。唐代的终南山里也有真隐士，这就是贾岛想拜访的那位隐者。这类隐逸，把自己的形迹藏起来，没有任何人事活动。所以贾岛也没见着他，感到很遗憾，就写了一首《寻隐者不遇》："松下问童子，言师采药去。只在此山中，云深不知处。"诗中的"童子"，显然是道童，和佛教寺院中的小沙弥差不多。当作者问："你师傅在吗？"小道童回答说："我师傅采药去了。"作者又追问："到什么地方采药去了？"小道童有些不耐烦了，回答说："就在眼前这白云缭绕的大山中。至于具体在哪里，我也不知道。"贾岛笔下的隐者，显然是一位道隐。他到山里去采药，不是黄精，就是茯苓，因为这两味药是道家经常服食的药材。"道隐"，不同于孔子所说的"道不行，吾将乘桴浮于海"的"儒隐"。对唐代诗人来说，他们的隐居，多数属于儒隐。只不过未必全是其道不行而回归山林或田园，恰恰相反，是为了行其道而先隐居。张籍的《寄紫阁隐者》也写了一位真隐士："紫阁气沉沉，先生住处深。有人时得见，无路可相寻。夜鹿伴茅屋，秋猿守栗林。唯应采灵药，更不别营心。"这位紫阁隐者显然是以采灵药、求长生为主。

但是，像贾岛和张籍所写的这种为道而隐的隐士，在唐代比较少。新、旧《唐书》所记载的也不过二十几位，但几乎都是道士。从中国古代文化史上看，能够称得上是真隐士的人比较少。有人把陶渊明称作古今隐逸诗人的鼻祖，是不确切的。陶渊明弃官不做，回到庐山脚下的鄱阳湖边上，做了隐士。其实，他只能算作是"古今第一田园诗人"。因为他在乡间有二百多亩地，还有童仆给他服务，实际上是个小地主。他也偶尔到地里去劳动，那也是闲得无聊，去找点事情做做，散散心罢了。真要靠自己劳动来养家糊口，陶渊明根本做不到，因为他根本就不会种田。他在诗中说自己"种豆南山下，草盛豆苗稀。"①草比庄稼长得高，能有好收成吗？就这，他还忙得不亦乐乎："晨兴理荒秽，戴月荷锄归。"②其实他没有忙出个好结果。

儒隐与道隐

在中国古代文化史上，隐逸虽然给道家思想的产生提供了一定的社会文化基础，但是，隐逸不是道家的专利，儒家也有它的隐逸观。两者的不同点在于：道家的隐逸，最初所追求的是一种人与外部环境③和谐相处的"自然"生存状态。最有代表性的就是上古时代那个农夫所唱的《击壤歌》："日出而作，日入而息，凿井而饮，耕田而食，帝力于我何有哉！"儒隐，要么是为了实现自己的社会责任而现行隐居，要么是自己的主张无法付诸现实而愤然离开官场。但不管怎么说，隐逸和道家的关系更为密切一些。所以，《铁网珊瑚》中就说："丘壑之士久寂寞，则起朝市之念。朝市之士久喧嚣，则怀丘壑之想。古今之理也。"这段话算是对古代隐士心理作了最精辟的分析。尤其是那些刚考中进士的人，差不多都会摆出一副对功名鄙夷不屑的架势，写几首怀念故园山水林泉的诗。读完之后，让人感觉到有些虚情假意。在他们看来，进入官场后，如果断绝了和自然山水的精神来往，会被人瞧不起，甚至遭到耻笑。

………………………………………………………

①②见《归园田居》。
③社会环境与自然环境。

诗的人
楼观情结

161

随着社会的进步，人们逐渐认识到这种顺应自然的生活方式是人在无法掌握和支配的"自然"面前的唯一选择。而老子所提出的"人法地，地法天，天法道，道法自然"的天道观正是基于此。到了唐代，由于李唐王朝把老子奉为自己的始祖，甚至封为"太上玄元皇帝"，于是，许多文人雅士纷纷追捧"道隐"——为追求人生最高精神境界而隐居便成为一种社会风尚。根据两《唐书》、《唐诗纪事》、《唐才子传》所记载，在唐代比较知名的诗人中，有过隐逸经历或者虽然没有去当隐士但却在诗歌中流露出浓厚隐逸倾向的就有二百五十多人。而且其中不少人把他们的隐居之地就选择在东起华山、西至太白山，以楼观为中心的终南山北麓。可以这样说：在楼观文化中，隐逸成为首当其冲的文化现象。比如杜淹、孙思邈、田游岩、王友贞、卢藏用、司马承祯、员半千、王维、裴迪、崔兴宗、颜真卿、李白、岑参、常建、储光羲、薛据、李端、韦应物、李商隐等，都在这里留下了隐逸的别业和抒发隐逸情怀的诗歌。

至于卢藏用式的终南捷径只是个例外。明朝的王世贞就说过："终南山有捷径，又安知长安道中无隐沦也。"意思是隐居的文人士子不一定都要到终南山里去，长安街市上难道就没有隐沦之人？这就是在隐逸文化中人们常说的："大隐隐于朝，中隐隐于市，小隐隐于山林。"

一般的文人，只是通过隐逸，获取一定的社会声望。要获取功名，还必须履经一定的推荐程序，然后再参加皇帝特许的、专门为隐逸开设的"制科考试"。没有人推荐而自报家门式的隐逸无论如何是不可能被朝廷选拔为官员的。《全唐诗》中有一首无名姓的隐者写的诗："传闻天子访沉沦，万里怀书西入秦。早知不用无媒客，恨别江南杨柳春。"这位没有留下姓名的隐士，就是在没有人推荐的情况下贸然到长安的。结果到长安以后，根本找不到能参加制科考试的门路。他很后悔，就说：早知道不接纳没人推荐的隐者，我就不来了，白白耽误了我在江南家乡欣赏春天的美景的时间。

索要高价的隐士

当然，也有名气较高，不经考试直接由皇帝授以官职的。比如李渤，朝廷曾两次下诏征其入朝，授以谏官，李渤都没有赴京。韩愈也认识他，就写了一封信，劝其赴召。信中说："从前，孔子明明知道那件事不好办，但他还是要试一试；他周游列国，就是为了这个目的。现在是大有可为的时代，你却藏在深山，闭门不出。这就是不仁不义了。"当李渤第二次不应"征辟"时，韩愈也就不再劝他了，而是在给卢仝写的一首诗中说："李渤自称少室山人，朝廷给他授官，可是他要价太高，竟然不理睬。"如果这位少室山人能固守山林之志的话，韩愈算是错误地估计了别人。遗憾的是，后来朝廷给他授了个"著作郎"、他随即应召上任。"著作郎"是"从五品上"，比"从八品上"的"合遗"一类的谏官高了三品九阶。看来，韩愈还是有先见之明的，他看出了李渤"索价"太高，所以官职低了就不应召。可见，当一种行为方式成为社会时尚的时候，其内涵总会引起某些变异。

像储光羲这样的出名诗人，也在终南山隐居过一段时间，后来终于在开元十四年考中了进士，先后任冯翊、下邽县尉。由于仁途不得意，在开元二十九年前后，他又回到终南山隐居。在耐不得寂寞的情况下，又出山求仕，结果被授了一个太祝的官职。这反而让他犯难了：究竟是上任，还是不上任？他拿不定主意，就给一位姓苏的门下省长官献了三首诗，题目是《终南幽居献苏侍郎三首》。

其一：暮春天气和，登岭望层城。朝日悬清景，巍峨宫殿明。圣君常临朝，达士复悬衡。道近无艮足，归来卧山楹。灵阶曝仙书，深室炼金英。春岩松柏秀，晨路鹧鸡鸣。羽化既有言，怃然悲不成。

其二：中岁尚微道，始知将谷神。抗策还南山，水木自相亲。深林开一道，青嶂成四邻。平明去采薇，日入行刈薪。云归万壑暗，雪罢千崖春。始看玄鸟来，已见瑶华新。寄言搴芳者，无乃后时人。

其三：卜筑青岩里，云萝四垂阴。虚室若无人，乔木自成林。时有清风至，侧闻樵采音。凤凰鸣南冈，望望隔层岑。既言山路远，复道溪流深。偓佺空中游，虬龙水间吟。何当见轻翼，为我达远心。

这首诗的诗题下有个注释：时拜太祝未上。拜了官，但还没有去上任。这就是他写诗的目的。他为什么没去上任？就是因为太祝是在皇家太庙中掌管祭祀和祈祷的低级官吏。一般来说，这类官多是在嘉奖某个官员时，通过荫庇制度不经过考试授给其子弟的。自己就是因为仕途不得意才离开官场隐居山林的，想不到竟被授了这样一个官职，储光羲犹豫不决，写了这三首诗献给苏侍郎后，就毅然回到了他在终南山的隐居地。

这三首的核心是下面这几句："圣君常临朝，达士复悬衡。道近无良足，归来卧山楹"，以及"中岁尚微道，始知将谷神"。他在终南山的隐居地登高北望，就能看见大明宫。圣明之君就经常在那里临朝听政。但是自己根本就没有想到：像他这样的有识之士又不得不回到在终南山的隐居之地。为什么会这样？就是因为在朝廷授官时没有人举荐，才造成这个结果。作者不说自己对这个职务不满意，而是说自己又回到终南山里"卧山楹"，实际上就是说自己还是继续隐居吧。既然"卧山楹"，也就不再关心尘世的事了，而是一心"尚微道"，就是潜心于老子之道。而且他觉得老子之道是一种妙道（谷神），一旦具备了做官的资格却因为对所授官职的不满而重新回归山林，寻求精神上的解脱。而唯一能帮他解脱精神烦恼的，就是老子的妙道。话虽这么说，对储光羲而言，隐居其实还是出仕的前奏，过了不长时间，储光羲还是到长安去上任了。不过时间不长，就调任监察御史。

在等待的日子里，不是所有的唐代诗人在终南山的隐居生活都是很快乐的。卢纶就是一个例子。他在终南山也有隐居的"别业"。可是，参加进士考试很不顺利。他有一首《落第后归终南别业》，就是诉说心里的不快的："久为名所误，春尽始归山。落羽休言命，逢人强破颜。交疏贫病里，身老是非间。不及东溪月，渔翁夜往还。"他困守科场已经很长时间，但还没有好的出路，所以说"久为名所误"这次又落榜了，他不得不重新回到终南山里。最难受的是这几句："落羽休言命，逢人强破颜。交疏贫病里，身老是非间。"本来想这次考试一定能考中，一旦考中，自己就能展翅高飞了！想不到这次又栽了，没飞起来。这就是他所说的"落羽"。别人说，这是命！他却说：不管是不是命运，都别提了！看来作者对此已经伤透了心。尽管伤心，遇见了熟人，还得勉强装出笑脸。由于自己仕途不顺，加上身体多病，所以，人们都和自己疏远了。年龄一天天地增大，还在是非名利间奔波。卢纶不像他的先辈储光羲那样，在仕途失利后能静下心来从体悟老子的妙道中获得解脱，而是一味地向往垂钓江湖的潇洒生活。但对名利的向往使得卢纶一直没有去做江湖钓翁，他也始终没有考中进士。由于他和宰相王缙都是河东蒲州的同乡，所以，才勉强被授了个县尉的职务。

白居易的心隐与中隐

白居易二十八岁中进士，已经算是很得意的事了。因为在唐代知识分子中流行着一种说法：三十老明经，五十少进士。意思是说：三十岁考中明经算是老的了，而五十岁考中进士却算是年轻的了。但白居易考中进士后，无形中却产生了归隐的念头。他有一首《及第后忆旧山》："偶献子虚登上第，却吟《招隐》忆中林。春萝秋桂莫惆怅，纵有浮名不系心。"诗的开头一句，诗人很自负：我只是像扬雄那样，偶尔献了一篇《子虚赋》，没想到就中了进士。中进士后，他也和那些中第的士子们一样，用怀念旧山来显示自己清高不俗的人格。他骑着朝廷给他配给的马匹到城南的曲江池闲游时，也显得非常高傲和自信："独来独去何人识？厩马朝衣野客心。"①骑着官马，穿着朝服，却满脑子的江湖散人情结。

江湖散人实际上就是隐逸的代名词。不过白居易对于隐逸，是有自己的选择的，那就是先采取中隐。他在《中隐》诗中说："大隐住朝市，小隐入丘樊。丘樊太冷落，朝市太嚣喧。不如作中隐，隐在留司间。似出复似处，非忙亦非闲。不劳心与力，又免饥与寒。终岁无公事，随月有俸钱。君若好登临，城南有秋山。君若爱游荡，城东有春园。君若欲一醉，时出赴宾筵。洛中多君子，可以恣欢言。君若欲高卧，但自深掩关。亦无车马客，造次到门前。人生处一世，其道难两全。贱即苦冻馁，贵则多忧患。唯此中隐士，致身吉且安。穷通与丰约，正在四者间。"②大隐吧，自己现在条件还达不到那个级别，再说朝市也太喧嚣；小隐吧，必须遁迹山林，那太冷清了。唯独中隐适合自己：似隐非隐，不忙不闲，公事没几件，俸钱月月有。更令他感到满意的是，处在这样的境地，无是无非，身心平安。

这虽然是白居易后来分司东都洛阳时写的诗，但这种中隐的思想在他脑海里却是由来已久了。

白居易的中隐在中国隐逸文化史上具有划时代的意义。无论是以"庸俗化"贬之也好，还是以"细熟化"赞之也罢，白居易所奉行的生活哲学无疑为后世文人士大夫所垂青，并乐此不疲地竞相效法。

白居易墓

---

①②见《曲江独行》。

　　中隐，就是一种吏隐，它以散官、闲官、地方官为隐，在"小隐"与"大隐"之间寻找到一条不偏不倚的折中办法，既可以免除饥寒之患，又可以躲避朝堂的纷争，并在为政之暇的登临山水、宾朋来往的诗酒唱和中享受类似隐逸的雅逸。

　　对中隐，除了上面那首诗以外，白居易还有另外一些表述："外顺世间法，内脱区中缘。进不厌朝市，退不恋人寰。"[①]"进不趋要路，退不入深山。空山太漠落，要路多险艰。不如家池上，乐逸无忧患。"[②]"山林太寂寞，朝阙空喧烦。唯兹郡阁内，嚣静得中间。"[③]"箕颍人穷独，蓬壶路阻难。何如兼吏隐，复得事跻攀。"[④]"巢许终身隐，萧曹到老忙。千年落公便，进退处中央。"[⑤]

　　在白居易看来，人们所欣羡的大隐不足为贵，且不说大隐是以在朝做官为前提，存在"所托非其所"的君臣遇合问题，还得整日有案牍之劳烦，甚至会随时陷入官场的躬逢迎送、尔虞我诈的樊笼中。更重要的是"要路多险艰"，时时有逆鳞犯上的生命之虞。作为皇帝近臣，又处于谏官这样一个特殊官职上，使白居易对"君威若雷霆"和"人情反覆"有着深切体会。自身仕途的起伏波折使其更明白争强好胜、计较是非、多知多言只会给自己带来祸患，而以"少语是元亨"、"晦即全身药"来警示自己。他在《寄隐者》一诗中说："昨日延英对，今日崖州去。由来君臣间，宠辱在朝暮。青青东郊草，中有归山路。归去卧云人，谋身计非误。"描绘了集权制度下士人朝夕莫测的命运。

　　他在周至时写的诗中，经常流露出向往隐逸的情绪。如《周至县北楼望山》："一为趋走吏，尘土不开颜。辜负平生眼，今朝始见山。"

　　在周至这块道家圣地，白居易觉得自己做个县尉，风尘仆仆，奔走于红尘之中，实在让人不开心。唐代有个规矩：新进士常常被授予县

---

①见《赠杓直》。
②见《闲题家池寄王屋张道士》。
③见《郡亭》。
④见《奉和李大夫题新诗二首各六韵·因严亭》。
⑤见《奉和裴令公新成午桥庄绿野堂即事》。

周至风景

尉或者拾遗。虽说级别一样，都是八品官，但是，拾遗是皇帝身边的清要之职，虽说没什么实权，却在大庭广众之下经常露脸。县尉就不一样了，负责一县的社会治安以及协助县令催粮征款，差事很苦。许多人都不愿做、但又不得不做。白居易说自己是个供县令指使的"趋走吏"，以至于忙得连看看终南山景色的工夫都没有。好不容易能在城楼上看看山，他就觉得心满意足了。这种满足实际上就是对自然、宁静、和谐的追求，它可以使人恬淡、寡欲，获得心灵的净化。

在《县西郊秋寄赠马造》诗中，白居易看到苍翠的紫阁峰和清澈恬静的渭水，内心产生了对宦游的厌倦："紫阁峰西清渭东，野烟深处夕阳中。风荷老叶萧条绿，水蓼残花寂寞红。我厌宦游君失意，可怜秋思两心同。"这不是诗人在无病呻吟，而是隐逸情怀和萧瑟的秋风撞击后迸发出的真情。

白居易心中的这种隐逸倾向虽然不时地流露于笔端，但作为朝廷官员，他还不能直言不讳地声明自己要和这个社会决裂，只能把这种倾向作为他诗歌创作的一个重要方面。他在周至的时候是也如此。比如《游仙游山》："暗将心地出人间，五六年来人怪闲。自嫌恋著未全尽，犹爱云泉多在山。"所谓"暗将心地出人间"就是说他内心的出世倾向不会向世人公开，而是贯穿在自己的处世方式中。别人都为他的悠闲感到奇怪，而他却觉得自己还没有从世务中完全摆脱出来，只不过是喜欢林泉、热爱自然山水罢了。不汲汲于某种直观的理念，而是在生活中不自觉地认同了某种思想，这正是白居易在复杂多变的世事中能够做到心平气和的重要原因。像他在周至写的《病假中南亭闲望》："欹枕不视事，两日门掩关。始知吏役身，不病不得闲。闲意不在远，小亭方丈间。西檐竹梢上，坐见太白山。遥愧峰上云，对此尘中颜。"以及《官舍小亭闲望》："风竹散清韵，烟槐凝绿姿。日高人吏去，闲坐在茅茨。葛衣御时暑，蔬饭疗朝饥。持此聊自足，心力少营为，亭上独吟罢，眼前无事时。数峰太白雪，一卷陶潜诗。人心各自是，我是良在兹。回谢争名客，甘从君所嗤。"都把"闲意"作为自己追求的生活情趣。葛衣御暑，蔬饭疗饥，心情宁静恬淡，"数峰太白雪，一卷陶潜诗"，其任运自然的情趣，和陶渊明的"采菊东篱下，悠然见南山"相比，毫不逊色。在《养拙》诗中，他更是推崇老子的五千言，认为它是"乐性场"，读"五千言"，能够使人清心寡欲，正本清源。尽管他自称自己因"不才"而能探究妙道之源，实际上他已经进入了一个脱去私欲的精神境界：无欲。什么是无欲？白居易回答说："世缘俗念消除尽，别是人间清静翁。"①只有把"世缘俗念"消除殆尽，才能在尘世间获得难得的清静。一般人是很难做到的，原因就在于物欲太强。而白居易则通过对老子思想的身体力行实现了他人格的升华。有时候，在充满哲理的诘难中，我们可以发现白居易的思想智慧。如《读老子》："言者不知知者默，此语吾闻于老君。若道老君是知者，缘何自著五千文。"这首诗的意思是：人们因为不懂，才要问，才要说；而什么都明白的人是不说的。这话是我从老子那里学来的。如果说老子是什么都明白的人，那他为什么还要著《道德经》呢？白居易似乎是在说老子也不是"知者"。其实这首诗的背后隐藏的是：五千言实际上是为了让许许多多的不知者变成知者。就像他给朋友张殷衡说的那样：《老子》可以医治人的愚钝，使愚者变为智者，而智者就是去掉了"世缘俗念"的人。白居易认为，他的朋友张殷衡做到了这一点，因为他"唯看老子

①见《老病幽独偶吟所怀》。

五千字，不踏长安十二衢"。①张殷衡显然是一位高尚的隐逸。

值得注意的是，白居易在接受老子思想的同时，也看出了庄子思想与老子思想的不同。他在《读庄子》一诗中就说："庄生齐物同归一，我道同中有不同。遂性逍遥虽一致，鸾凰终校胜蛇虫。"白居易的认识很明确：庄子的齐死生、等贫富，看似超脱，实际上存在着局限性。毕竟"鸾凰"比"蛇虫"要好，在这两者之间无论如何是不能画等号的，这就是现实。一味地用"齐物归一"作为获得心理平衡的理论依据，实际上是无视现实的自欺欺人。

在唐代，老庄并称。实际上庄子是沾了老子的光。唐玄宗设立崇玄馆，把《庄子》称作《南华真经》，也仅仅是为了给老子作陪衬。在现实生活中，尤其是在诗歌艺术中，遵奉老子的诗人，其诗歌呈现出恬静的一面；而崇尚庄子的诗人，其诗风充满了自我张扬的特点。白居易和李白的区别就在于此。

但白居易在"心隐"或中隐时，还是强调不受外物之累。他在《感时》诗中说："胡为方寸间，不贮浩然气？贫贱非不恶（厌恶），道在何足避。富贵非不爱，时来当自致。所以达人心，外物不能累。"

对老子思想的体认，正是白居易在周至这块道家文化热土中获取的最大精神财富。在唐代所有诗人中，没有一个人能够像白居易那样准确地把握老子思想的精华，也没有一个诗人能够像白居易那样任运大化，颐养天年。有些虽然自诩为超脱旷达、但却被名利牵着鼻子走的人，算不得"达人"。在唐代大诗人中，李白在狂傲和焦躁中离开了人世；杜甫在忧虑和感伤中走完了他的人生之路；王维在静寂中熄灭了

庄子

①见《村居寄张殷衡》。

自己的生命之火；唯独白居易能够获得福、禄、寿三全。

隐逸是一种社会现象。文人通过隐逸获取的不仅仅是功名利禄。在隐逸过程中，他们的文学创作风格也直接受到隐逸生活的影响，恬淡与静虚、玄奥与淳真以及动与静的完美结合成为隐逸诗歌的审美主流。没见过哪位隐士会在他的诗歌中表现出狂躁与不安，尤其是崇玄与尚虚常常会使读者进入一种忘我的艺术境界。

在老子的思想中，天道、地道、人道是融为一体的。董仲舒所说的天人合一，实际上应该是天、地、人合一。而真正的隐逸正是在天、地、人合一的道家理念中获取精神境界的滋养和升华。

对王维的误解

王维是很有代表性的诗人兼隐士。他说自己"中岁颇好道，晚家南山陲。"[①]他所说的道，含义比较复杂，既有道家之道，又有佛禅之道。王维写隐逸情趣的诗，以宁静恬淡为主。《鸟鸣涧》很有代表性："人闲桂花落，夜静春山空。月出惊山鸟，时鸣春涧中。"有人说，这首诗充满了禅意。理由是：作者所写之景是春天，桂花是秋天才有的。因此，作者超越了眼前的实境，进入虚空境界，这才有了"桂子月中落，天香云外飘"的虚象。我看这是把浅近的境界神秘化了。"人闲"，是说春意融融，春夜宁静，自己也很悠闲。"桂花落"是什么？就是指月光洒满大地。因为传说中月宫里有桂树，所以，古人在诗文中喜欢把月光称作桂魄。春山静谧，月光融融。下面的"月出"实际上和首句的"桂花落"是同时出现的景象，没有先后之分。意思是：月光明亮，惊得鸟儿在山涧中不时地飞来飞去，发出悦耳的鸣叫声。作者也正是在这种宁静中获得了心灵上的满足，而这种情怀是要透过实景的描写慢慢体

----

① 见《终南别业》。

悟。这正是隐逸诗人的山水之作所具有的独特性。

"静"、"虚"二字是老子思想的根本所在。老子之所以强调静、虚，因为世界上的一切理念、境界都与玄有关。做不到静、虚，是不能体味出宇宙间的玄奥的。《老子》说："玄之又玄，众妙之门。""玄"，首先是深奥。除此而外，还有另外两个意思，一是清静，一是幽微。所谓"玄妙"，就是幽深而理微，它存在于窅渺之中。要想体味出玄妙之义，仅凭直观的物境是难以实现的，而脱离开眼前实境进入一种想象中的境界被称为虚境。这就是虚实相间。作为隐逸诗人，他们的诗歌常常呈现以静、虚为主的审美特征。这就是老子所说的："致虚极，守静笃。"世俗化的"宁静致远"也正是借鉴了道家的静、虚理念。

隐逸诗人的山水田园诗，其审美情趣正是建立在这样的审美基础上的。由于老子思想具有其独特的哲理性，所以，唐代开元时期，玄学也被列为官学，专门设立崇玄馆，讲习《老子》、《庄子》、《文子》、《列子》。而专门为玄学开设的科举考试称为"有道科"，参加考试的人必须是隐士。这不只是思想文化领域的开放，更重要的是，通过这一举措，避免了儒术独尊，活跃了文化思想。

老子是反对虚伪的，他倡导的是淳真。他说"圣人不死，大盗不止"。常常被一些人解释为绝圣弃智的愚民理论。实际情况并非如此。老子之所以这样说，是因为在他那个时代，有些人自诩为圣人，而实际上是伪装出来的。后来，庄子也看出了这一点，说："天下之善人少而不善人多。"又说："圣人之利天下也少而害天下多。"有些人不了解老子说这话的社会原因，就说老子提倡的绝圣弃智是鼓吹愚民政策。实在是冤枉了老子。

从隐逸行为中产生了道家思想，而道家思想又促使人们回归自然和淳真，这种相辅相成的关系使得道家思想成为沟通人与自然的媒介。

柒

道家、道学与北宋文人

理学与道家

　　北宋是新儒学即理学兴起并逐步在思想文化领域占据了统治地位的时代。北宋的士大夫在尊儒的同时，也崇奉佛、道。文彦博就说过："面壁思禅理，向阳观道书。"①但是相对于唐代来说，宋人的文化观就显得比较狭隘。比如陈襄就说："方今释老二氏之法蛊惑天下，上自王公，下逮民庶，莫不崇信。"对释、老在社会上的传播他用"蛊惑"一词来形容，显然流露出不满。

---

①见《大名府舍创作茅斋因题八句呈太师相公太保相公》。

甚至生长于唐代文化核心之地的蓝田人吕大临也把老庄、佛教称为"异端邪说"，认为北宋初期"大道未明，人趋异学，不入于庄，则入于释"。这种文化现象说明，尽管北宋初期理学逐渐兴起，但是，在思想文化方面还不是理学独尊，佛、道思想在社会上还很盛行。

北宋文人士大夫崇尚道教的风气

宋代的统治者对道教进行了整饬、扶持，修道观、祠尊神、招隐逸、重养生、集道书，对道教进行了一定的政策扶持。由于道教独特的"造神"功能，为统治者论证自己统治的神圣性打开了方便之门。宋真宗就曾亲自导演过"天书下降"、"圣祖降临"等事件。在北宋时代，有两个崇道高潮，一是真宗(1004—1022)朝，一为徽宗(1101—1126)朝。尤其是宋徽宗时代，甚至把佛教都纳入道教之中。据《续资治通鉴》记载，宣和元年(1119年)，徽宗下令"佛改号大觉金仙，余为仙人、大士之号。僧为德士……寺为宫，院为观"。

宋王室南渡后，偏安一隅，面对北方强敌，更需要用道教来感化人心，维护社会统治。同时，从社会心理的角度讲，龟缩南方后，世人特别是文人知识分子群体更需要道教这种宗教手段来安慰心理，慰藉精神。

统治者崇道，必然影响到社会风气。苏轼在《议学校贡举状》中说："今士大夫至以佛、老为圣人，鬻书于市者，非庄、老之书不售也。"可见，两宋时代知识阶层隐逸和崇道的风气十分盛行。随手拈来，可能就是一大堆文人崇道的例证。比如，徐铉自称"好道者"或"道民"，并编纂了道教志怪小说集《稽神录》。理学大师程颐自称"不排释、老"。范仲淹晚年在其诗文和书信中对老子推崇备至，并流露出向往道流、高蹈世外的情怀，对道教养生也表现出浓厚兴趣。赵普更是导演了上清太平宫致祷黑煞神的事件，就连改革家王安石也羡慕道教。《宋史》记载："初，安石训释《诗》、《书》、《周礼》，既成，颁之学官，天下号曰'新义'。晚居金陵，又作《字说》，多穿凿附会，其流入于佛、老。"朱熹曾经说过，"愿为希夷直下诸孙"。因其曾经受命"主管云台"之命，即主管华山的云台观，故在其著作上曾署名"云台外史"或"云台真逸"，以表达对道教的向往。为研究和本身养生修道，南宋曾从众多道书中选录大量修道养生术资料，编成著名道教类书《道枢》。黄庭坚也是自小羡慕道教，"山谷着道服"成为传世美谈。陆游对内丹很感兴趣，曾经专辟静室练功，这在其诗作中就有所反映。

剖析文人崇道背后的原因，从社会经济、政治和物质的层面二讲，是物质相对发达、社会稳定，再加上最高统治者对道教的尊崇，构成了隐逸和崇道的社会和物质基础；从文化和社会意识的层面上讲，是整个社会文化的向内转型，士大夫知识分子群体普遍的人生荒漠感倾向比较突出，在仕与不仕的人生矛盾中突围的结果。

对于传统士大夫和知识分子来说，也许在他们的认知体系和思想中理学还表现出主流的地位，但在人生理想的践证和生命形态的外在表现上，更多地表现出一种道教的生命态度和审美人格状态，这使得两宋士大夫和知识分子群体中呈现出一种浓厚的隐逸和崇道风潮。在道教自身的理论发展和宋代三教合一的文化背景下，大量的文人士大夫自觉或不自觉地确立了道教的审美人格理想，他们以自身的生命实践见证和丰富着道教的审美人格理想，并使道教的这种审美人格理想成为中国传统知识分子士大夫特别是封建社会后期的知识分子士大夫的一种鲜明的审美人格理想。这些士大夫崇道、向道、慕道的思想观念和人生实践中，或明或暗、或高或低地表现了这一道教审美人格理想。

无处不在的道家儒

同唐朝一样，北宋文人之间也有着同道士交游的风气。张泌有诗称

与韩道士"东城南陌频相见";周敦颐称赵抃"公暇频陪尘外游";宋庠称周道士"千里见访";司马光称"种放以处士召见拜官,真宗待以殊礼,名动海内……通判以下群拜谒(种)放"。士大夫之所以结交道士,有多种多样的原因,或为了求医问药,或为了卜问吉凶,或为了摆脱孤寂、寻求友谊,或为了交流诗词书画心得,或为了探求生命的真谛、世界的本质。而道家、道教本身融会了巫术、占卜、星象、天文、地理、医药、文学、艺术、哲学、科技等各个方面的知识。人与生俱来的对未来的不解,对死亡的恐惧,对风雅的追求,在道家这里都得到了一定程度的解答,因此,文人士大夫乐于同道士交往,一时蔚然成风。

宋文化和唐文化有一定的传承关系。宋代文人很推崇白居易,因为白居易的处世方式和理学有许多近似之处,他的养生观直接影响了宋代文人。所以,宋代士大夫同道士交游的第一个目的就是希望获得养生之方。关于宋代道士具有高超医术、法术及养生之术的记载很多,如陈抟,隐居华山四十余年,近百岁;柴通玄,善辟谷,年百余岁;贺兰栖真,善服气,百余岁;刘若拙,善服气,年九十余不衰,步履轻疾。很多道士虽然年已七八十岁,但仍有婴儿之色,甚至还有人百余岁而童颜。再如王怀隐,初为道士,住在京城建隆观。此人精通医术,宋太宗做开封府尹时,王怀隐"以汤剂抵事"。宋太宗上台后干脆让他还俗,任命他为尚药奉御,三迁至翰林医官使。太平兴国三年吴越王遣子钱惟浚入朝,惟浚被疾,宋太宗亦曾诏怀隐诊视。

陇川道士曹若虚也善于治病,尤其是他的针灸技术冠绝当时。时里中有一寡妇,再嫁人后,疾病发作,将死,只胸口间尚有热气。家人"因奔诣若虚,哀祈一往,庶几可救"。曹若虚既至,熟视之,引针针之,即时而苏,良久,乃能语。

郑獬也非常热衷于修道养生,与道士多有交往。茅山道士曾将摄生图拿给他看,使他大饱眼福,喜出望外。其《郧溪集》卷十五《养生记》中详细记载了这一事情："茅山隐君子示予以摄生图并书数轴，阅之累日。其摩按偃屈，熊蹲鸟跃之形，与夫鼓漱呼纳存思，左日右月，龙虎之气，及采炼金石、草木、雄黄、丹砂、芝术之诀，莫不备焉。"可见，道士的养生之方为文人士大夫所向往，这也是他们热衷于同道士交往的重要原因。

道教的点化术

除此之外，也有向道士学习烧丹炼汞之术、祈求长生不老的，甚至还有人向道士学习黄白点化之术，期望不劳而获的。有这样一个道士点化黄金的传说：苏颂的叔父苏绎，年少时特别喜欢黄白点化之术。一天，他遇见一位道士，对他说："我是蜀人，现在老了。但是，我有一个秘诀，欲想找个合适的人传授给他。如果真的遇见了这样的人，传授之后，我就寿终正寝了。"说完，他让苏颂取来一杯水银。说话间，那杯水银就变成了白金。苏绎非常吃惊，又不敢贸然求其秘诀，暂时把白金留在旅馆里。当天晚上，那个道人就去世了。苏绎就把道人所点化的白金卖了，为道人购置棺材坟地，把道人埋了。结果埋葬所花费的钱与卖白金所得的钱刚好相等。苏绎叹息道："这事确实是命啊！我平生接待的方士很多，没有不恳求他们教我点化术的，还经常担心没有把他们的秘诀学到手。今天，我遇见异人求我，而我不顺其心，难道是这个道人预先知道自己要死了，就借我的手给他送终吗？我没有学到他的点化术，是我的命不好！何必再劳神呢？"于是，他把自己所搜集到的方药、秘诀等全找出来，一把火烧了个干干净净。从此以后，他再也不谈黄冶之事。

吴处厚在《青箱杂记》中也记载了一个故事：宋真宗朝，有个叫王犍的人，曾经遇见一个道士。这个道士给他传授黄白术及其秘诀，多

次试验，皆获成功。道士又将灵方、环剑、缄滕之书一齐给了王捷，告诫他："非遇人君，慎勿轻述。"王捷后来因装傻犯禁，被配流岭南。当时，谢得权正好掌管警卫，听说王捷有异术，就把他藏在自己的宅院里，让他炼成药银上进宋真宗。真宗对王捷能炼药银感到很惊异，就取消了将其流配岭南的处分，并让刘承珠审问其事。王捷说：道士告诫我：见不到皇帝，什么都不能说！并表示：此中秘密只能对皇上说。于是，刘承珠就给王捷改了个名字，叫中正。宋真宗召见后，立即授予他许州散掾，留止京师。不久又授神武将军，致仕以后，仍给全俸。王捷前后贡药金银累巨万数，辉彩绝异，不类世宝。当时赐天下天庆观金宝牌就是用王中正所炼之金铸造的。然而王中正亦不敢妄费，唯用所炼之药银以周济贫乏，崇奉仙释而已。

文人与道士交往的原因，还有问道于道士，探询道家真谛，甚至归隐入道的。熙宁初，王迪为洪州左司理参军，一天，有个道人来磨镜，于是让王迪拿镜子照自己，王迪乃见星冠羽帔，缥缈现镜中。迪问其故，道人说："这就是你的前身。由于你一念之差，堕入尘世。希望你好自为之，不要再身陷苦海。"道人走了以后，王迪把事情的经过全都告诉了自己的妻子。其妻也认为道人讲得有道理，于是，王迪遂弃官，与妻隐去。郡僚挽留不住，都作诗以饯行。当时，新建主簿刘纯臣的诗说："鬓如抹漆左参军，脱却青衫去隐沦。世上更无羁绊事，壶中别有自由身。鼎烹玉兔山前药，花看金鳌背上春。莫怪少年能决裂，蓝田夫妇总登真。"王迪后来归于姑苏，不知所终。

再如祖岊遇仙等，都反映了北宋时期文人对仙道的崇拜以及神仙信仰，尤其是北宋时期编纂的《太平广记》为仙道辟有专章。

陈抟与种放

宋代文人还喜欢借助于道士的占卜、相面等命相之术，祈问吉凶。

传说种放隐居于终南山的豹林谷，他想去拜见陈抟，而陈抟预知种放要来，令童子洒扫庭除，曰："当有嘉客至。"种放来的时候，装扮成一个砍柴的樵夫，站在台阶下给陈抟施礼。陈抟挽着他的胳膊对他说："你根本不是砍柴的。二十年后，当为显官，名声闻天下。"种放说："我是为探求道义而来的，咱不谈做官和俸禄的事。"陈抟笑着说："人的贵、贱，都是命中注定的。贵者不可为贱，就像贱者不可能变为贵人一样。你的骨相就说明你会做高官！你虽然藏身山林，恐怕不会长久。日后你就会明白。"后

陈抟

来，种放果然在宋真宗朝以司谏赴召，真宗拉着他的手登龙图阁，谈论天下大事，眷遇之盛，史无前例。他果然像陈抟所预言的那样，名声耸闻于天下。陈抟还曾对种放说："君不娶，可得中寿。"种放听从了陈抟的劝告，不结婚，六十岁卒。而在《渑水燕谈录》卷四《高逸》中，则是这样记载的："种放少举进士不第，希夷先生谓之曰：'此去逢豹则止，他日当出于众人。'初莫知其意，故放隐于南山豹林谷。真宗召见，宠待非常，拜工部侍郎，皆符其言。" 希夷先生即陈抟，这位道教中的高人隐居于华山。据说最终羽化成仙。

　　类似传说还有很多，道教作为中国本土产生的宗教，在中下层民众中有着广泛的基础，于是也就有了传说滋生的土壤。通过民众的口口相传，将其神秘化，从而也就更加吸引人。

北宋文人对道教活动的参与

　　北宋文人对于道教活动的参与，同其他朝代相似，主要是斋醮与服

丹养生两种。

斋醮是道教祀神仪式的总称。"斋"的原意是齐和净。"醮"的原意是祭。从宋代开始，斋、醮渐趋合流，而以醮法为主。由于醮仪在仪式中的地位增强，道门中也有称之为坛醮，民间一般称举办斋醮为打醮、道场或法事。

明代朱国祯在《涌幢小品》中描绘了宋代道教斋醮活动的盛况，称"朝廷以至闾巷，所在盛行"。而斋醮的繁盛，与赵宋王朝崇道关系密切。宋代是历史上斋醮活动最为繁盛的时期之一，举凡皇帝圣诞、忌日，要专门举行斋醮，敬修功德，为皇帝祈祷。水灾、旱灾、蝗灾、外敌入侵，也要举行斋醮。士庶人家悼亡、追荐、延寿、解厄、祈嗣、净宅也要举行斋醮活动。总之，只要生活中出现异常现象，举行斋醮活动是必不可少的。斋醮风靡全国，宋仁宗即位前，宋一年中仅大醮就有两千四百次之多。以至于宋祁说："道场斋醮，无有虚日，且百司供亿，至不可赀计。彼皆以祝帝寿、奉先烈、祈民福为名，臣愚以为此主者为欺盗之计尔。"宋祁把道场斋醮称为欺世盗名，这话说得够大胆了。

北宋士大夫们参与斋醮活动，无非分两种情况：一是他们参观斋醮的整个活动仪式；二是直接主持斋醮仪式或为其提供各种程序准备。

宋仁宗

宋真宗

大中祥符五年十月戊午，宋真宗在延恩殿举办道场，九天司命天尊从天而降，大批官员共同目睹了这一盛况。田锡《乾明节祝圣寿》中有："君王降诞继陶唐，每至嘉辰睹异祥。宫树晓来生瑞露，金门夜半有天香。皇亲朝觐随章奏，中使颁宣散道场。万国人臣皆悦乐，巍巍圣德自无疆。"虽然是歌功颂德之作，却也描绘出了皇家祭祀斋醮时的盛况。

关于斋醮文的程式，苏颂《苏魏公文集》卷二十七《在外诸宫观五岳四渎等处开启谢明堂礼毕道场青词》是一个很好的范本，和一般的祭文程式几乎没有什么区别："维元祐四年，岁次己巳，某月某朔某日某甲子，嗣天子臣某谨遣某人请道士某人于江宁府茅山开启明堂礼毕道场，某日罢散，日设醮一座二百四十分位，谨上启元始天尊、太上道君、太上老君、混元上德皇帝，近以宗祀明堂，克配上帝，仰资冲荫，遂底熙成。敢遵科醮之仪，昭达衷精之恳，尚祈道妙，敷祐邦图，庶臻泰定之祥，永荷清灵之贶。"或者曰："维元祐五年岁次庚午二月丙申朔，五日庚子，嗣天子臣某谨遣供备库副使管勾西太一宫臣任克明，请道士三七人，于太一宫开启神宗皇帝忌辰道场一月，罢散日，设周天大醮一座，二千四百分位。"皇家斋醮，主持和参与这一活动的除道士外，便是皇帝身边的文武百官了。

服丹养生在北宋可视为一种潮流，其热切程度与魏晋时期不相上下，从皇帝到大臣都热衷于修炼养生。太宗见苏澄隐、陈抟，都向他们询问养生之道，宰相宋祁也对"玄默修养之道"特别热衷。王化基因告诉太宗养生服饵之要，受到太宗的褒奖，太宗对左

宋徽宗

右说："化基爱君无隐，至于修养之道，亦为朕言之。"太宗对养生修炼是非常认真、非常刻苦的。他自己说："苦行精修心不倦，咽津往往过斋时。"宋真宗亦有此好。当时，有个女道士王道真，绝粒岁久，名声很大，景德中，真宗特意召见。王道真献枸杞树，并且告诉真宗，枸杞相传四百年，愿至尊采撷服饵，用资上寿。真宗对王道真特别优礼尊宠，赐王道真礼物，禁止百姓于其所居之地樵采。宋徽宗也喜好道教修炼，人们甚至把他称为道君。他知道大臣李博年弥高而色不衰，中外皆称李博有内丹之术，就要求李博将其所知道的养生术传授与他，"可具术以进"。

在统治者的大力提倡和重视下，道家的养生术等在民众中也蔚然成风。许多士大夫的主要兴趣就是修炼养生，张质，太宗、真宗时名臣，与赵普、曹彬关系非常密切，掌枢要，好养生之术，老而不衰。夏侯峤，好读庄老书，尤其留意养生。为人淳厚谨慎，居官无过失，真宗尤爱重之。

文人士大夫们的养生不同于帝王将相和达官贵人，他们只不过是服食草药，如菊花、茯苓、地黄、枸杞、胡麻等等；也有的服食用铅、汞等冶炼成的丹药。像欧阳修、苏轼兄弟等都有关于服食丹药的记载。

士大夫从事道教养生活动，对宋代学术的发展也起了重要的作用。尤其是理学，实际上是借助于道家体悟玄妙的思维形式把修身济世的儒学变成了性命学或心性学，使它失去了原有的生命活力。

士大夫们都在静坐中体悟宇宙的奥秘和天理的玄妙。

文人心目中的道教

道教在北宋文人的心中之所以能产生如此大的影响，同道教本身的特点是分不开的。北宋是中国历史上边患最为严重的朝代之一，朝廷政治腐败，使得文人士大夫普遍地产生了忧患意识。在报国无望的现实面前，文人们寻求到了心灵的避风港，即道家和道教。

道家、道教思想对北宋士大夫的从政心态和行为也产生了重大而深刻的影响。作为文人士大夫，他们具有儒家积极进取的思想。但同时，他们又接受了道家和道教的影响，淡泊名利、功成身退、知足、知止、不争成为他们的生活准则。

道家和道教安命处顺、出世隐逸、无为而治以及泯灭是非的思想对北宋士大夫的影响超过了任何一个时代。

宋代文人对道家和道教的接受，首要的表现是对政治的淡薄与出世、归隐的愿望的滋生。道家、道教告诫人们：生命、身体比名利都要重要，名利都是身外之物，过分地热衷于名利，必然会对人的身体、精神、思想产生不利的影响。要爱惜身体，必须看淡名利富贵。所以老子说："名与身孰亲？身与货孰多？得与亡孰病？甚爱必大费；多藏必厚亡。知足不辱，知止不殆，可以长久。"只有知道满足，才不会受到屈辱，知道适可而止才可以长久。老子还说："罪莫大于可欲，祸莫大于不知足，咎莫大于欲得。故知足之足，常足矣。"人最大的祸患就在于不知足，最大的罪过就是贪得无厌，知足者方能常乐。在这种思想指导下，归隐与出世愈加成为士大夫难舍的情结。

圣人 贤人 介夫

在隐逸方面，陈襄把隐者分为三种：圣人隐者、贤人隐者、介夫隐者。"圣人隐者，乐天以俟命者也。时未可而潜，时可而后升，蜿蜿蜒蜒，莫知其神。古人有为之，舜、伊尹是也；贤人隐者，养气以畜其德者也。庸言之择，庸行之守，居贫贱而不改其乐，养之而后动，涵之而后进，然亦有关于时。古人有为之，颜回、曾参是也。介夫隐者，欲洁

其身而不累乎世者也。凡在于彼者，皆无所加于我者也。赤子将匍匐入井，不肯一援手而举之。视弃天下之民，如弃敝屣，然而足以自牧，而不足与忧天下。古人有为之，长沮、桀溺是也。是则君子不为也。"这种隐逸的情结在宋人那里，实际上也包含了对现实政治的批判与不合作的理念。

其次的表现是安于天命的旷达。道家认为，人生充满了挫折、烦恼和苦难，如果不善于面对它们，那么人生就必定是非常痛苦的；如果能用正确的态度来对待它们，那么，人们不仅不会感到痛苦，反而能感受到人生的快乐。怎样在苦难中寻找快乐和逍遥，庄子无疑是人类最伟大的导师之一。庄子告诉人们，"人之生，气之聚也；聚则为生，散则为死"。在这一点上，人与万事万物是一样的，所以"天地与我并生，万物与我为一"。人既是自然、是"气"的表现形式和存在方式，就摆脱不了自然即命运对人生的规定与限制。要想摆脱限制，那就得顺应自然。舍此，别无它方。什么死生、存亡、穷达、贫富、贤与不肖、毁誉、饥渴、寒暑，等等，都应等量齐观。

北宋是党争最为激烈的时代之一。有许多官员在党争中惨遭打击，备受折磨，连连遭贬。在巨大的人生变故中，昔日的亲密知己也变得形同路人，有些亲朋故旧甚至乘机落井下石。像"苏轼自湖州赴狱，亲朋皆绝交"。他们在逆境中彷徨时，很容易受到道家、道教安命处顺的说教的影响。他们身居贬所，对得失荣辱了无介意。正如释惠洪所说的："得失是非都放却，死生穷达信缘休"，"身世浮云偶尚存，白云苍狗与谁论"。

像北宋中后期的苏轼、邹浩、唐庚、李光等人在贬谪中都受到道家思想的浸染，其思想境界反而变得恬淡、无为。他们少了几分拘泥和愤激，多了几分坦然与通达。坚持理想而不介意于进退，执著于人生而不执著于得失。苏轼就是其中最为突出的。

文人道家精神的代表——苏轼兄弟

道家对苏轼一生有着极其重要的影响。苏轼接受道家思想要比接受佛禅早，在他坎坷辗转的人生中，苦难的生活使得苏轼对道家思想更加亲近，理解也更加深刻。

神宗元丰二年(公元1079年)，监察御史里行何正臣、舒宜和御史中丞李定弹劾苏轼以诗讥讽新法，苏轼被捕下狱。勘治四个多月，到年底方才结案，贬为黄州团练副使，本州安置。这就是"乌台诗案"。"诗案"是说苏轼因写诗而犯案；"乌台"的"台"，指御使台，是宋朝的监察机关，他的办案桌子是黑色（乌）的，所以宋史上把这一案件称为"乌台诗案"。自此以后，苏轼的人生几起几落。对此，苏轼很坦然。在人生的最后八年，苏轼有一首《自题金山画像》，其中说："心似已灰之木，身如不系之舟。问汝平生功业，黄州、惠州、儋州""心似已灰之木"，并不是说自己心如死灰，而是说什么都不想，用老子的话说，就是"无为"。"身如不系之舟"是说自己今天贬到这儿，明天贬到那儿，就像一只没有缆绳的船一样。至于"平生功业"，作者用了三个地名：黄州、惠州、儋州。这都是他曾经被贬的地方。他不说自己一生功业无成，而是轻描淡写地说出几个地名，人们一看，就明白了他的意思。

可见，仕途上的失意和苦难的生活经历使苏轼不自觉地接受了道家思想。他曾经说过，自己年轻时读《庄子》，心有所悟，而口不能言。及至自己处于人生的逆境时，他就不是言不言的事了，而是把老庄思想变成自己处事的原则。尤其是在道家思想的影响下，苏轼的心情丞渐趋于开朗旷达。道家的超脱帮助苏轼走出政治失意的阴影，在一贬再贬、一迁再迁的命运颠簸中，他始终保持着随遇而安的心态。

苏轼受道教思想影响很深。这在他的作品中自然而然地流露出来。像《后赤壁赋》就写道："时将夜半，四顾寂寥，适有孤鹤，横江东来，翅如车轮,玄裳缟衣,嘎然长鸣,掠予舟而西也。须臾客去,予亦就睡,梦一道士,羽衣翩跹,过临皋之下,揖予而言曰:'赤壁之游乐乎?'问其姓名,俯而不答。呜呼,噫嘻! 我知之矣。畴昔之夜,飞鸣而过我者,非子也邪?道士笑而不答,予亦惊悟。开户视之,不见其处。"东坡泛舟赤壁,独上危岩,他站在巨大的岩石上,向深沉漆黑的夜空大声吼啸,四周山谷回应,风动水涌,一股彻底的悲哀自心底升起,"肃然而恐",于是,他又下去回到舟中,解开缆绳,任凭小舟无所凭依地漂动,就像他自己一样,在天地之间孤零地随起随落。文学家苏轼用艺术的手法表达了他得以解脱那彻底之悲的凭依。一只孤鹤,羽毛如同身着仙袍,在东坡的舟旁戛然长鸣。作者用神秘的气氛在暗示一种境界,一个属于道教的神仙境界。

在人生观上,苏轼既为人生短促而惋惜,又能积极达观地对待人生。受道家思想的影响,苏轼认为人生天地之间,微不足道:"寄蜉蝣于天地,渺沧海之一粟。"①但他并不消极颓废,而是珍惜生命,珍惜时光,奋发有为。就像他所说的那样: "休将白发唱黄鸡。门前流水尚能西!"②这显然受到儒家乐天知命思想的影响。苏轼的处世态度,真率旷达,自在逍遥,有着非常浓厚的道家成分。道家认为"圣人法天贵真,不拘于俗", "与时俱化", "虚己以游世"。苏轼则说:"任性逍遥,随缘放旷。但尽凡心,别无胜解。"二者完全一致。

现耸立在陕西省周至县楼观说经台碑廊里的"老子显见碑"阴面,有苏东坡题字之记,原文如下:"章子厚自长安来终南,会轼西还歧下,因同西游南山。轼三年连三至此;然与子厚游,其乐如始至也。甲辰正月十一日,赵郡苏轼子瞻题。"

现存此碑行书四行,共五十六字,字迹清楚。碑的右下角镌刻有"元佑丙寅九月二十有六日太平宫主张景先题,太平宫道士窦清刊"等

---

① 见《赤壁赋》。
② 见《浣溪沙》。

字。从此碑所记事迹与清王文诰《苏文忠公诗编注集成总案》对照，事实可信，但书字题刻时日难准一说。

苏轼的《题楼观记》表明他不仅接受道家思想比较早，而且对老子的最后归宿也特别关注："老聃厌世入流沙，飘荡如云不可遮。弟子怜师将去国，关门望气载还家。高台尚有传经处，断壁空留驾牛车。一授遗书无复老，不知何处服胡麻。"在道家文化的传播史上，老子西行化胡的传说广为流行，所以苏轼在诗的首联就写了这个传说。在他看来，老子之所以要离开楼观，就是因为"厌世"。而接下来的六句都是写老子去楼观后的景象，实际上是他在一千多年后看到的景象。苏轼在楼观的经历不是一般的游览山水胜景，而是开启了他与道家之间的密切联系。这种联系，不仅影响了他的文学创作，而且直接影响了他的人生观，从而造就了苏轼在文学史上后人难以企及的高度。

苏轼的弟弟苏辙也好道，其程度不亚于其兄苏轼。他曾作《老子解》，称老子的理论"纵横坚固而不可破"。同苏轼和其他好道的文人一样，苏辙也信赖服药养生之说，曾作《服茯苓赋》，对茯苓的神奇功效倍加称颂："余少而多病，夏则脾不胜食，秋则肺不胜寒。治肺则病脾，治脾则病肺。平居服药，殆不复能愈。年三十有二，官于宛丘，或怜而受之，以道士服气法行之期年，二疾良愈。盖自是始有意养生之说。晚读《抱朴子》书，言'服气与草木之药，皆不能致长生。古神仙真人皆服金丹，以为草木之性，埋之则腐，煮之则烂，烧之则焦，不能自生，而

苏辙

况能生人乎?'余既汩没世俗，意金丹不可得也。则试求之草木之类，寒暑不能移，岁月不能败者，惟松柏为然。古书言，松脂流入地下为茯苓，茯苓又千岁则为琥珀。虽非金石，而其能自完也，亦久矣。于是求之名山，屑而瀹之，去其脉络，而取其精华，庶几可以固形养气，延年而却老者。因为之赋，以道之。"

在古代缺乏科学实验的条件下，苏辙等人也只能通过观察松树长生不死的外在特征来判断松脂、茯苓等也具有使人长生不老的作用。这种判断虽未必完全正确，但从中医中药的角度说，却有一定的合理性。

出于对道家的敬仰，苏辙在由蜀中返回京城开封途中，在关中作短暂的漫游，与其兄同游楼观，亲临其境，感受终南山仙都福地的道教情趣。他和兄长一唱一和，写下《和子瞻读道藏》、《楼观次韵》等诗。他们一起游览上清宫，兄题《上清辞》而弟和之。随后又游览唐时玉真公主别馆（宋时已成延生观）、授经台等，苏轼甚至把自己所题"溪山愈好意无厌"和其弟之"谢公行意未能厌"的同韵异诗句题刻于碑阴。几年后，苏轼又约商州章子厚与在商州任职的苏辙再游楼观。苏轼写了《仍书楼观》，苏辙有《和子瞻三游终南山九首》。他们因文化素养、艺术造诣和宗教情感，每一次的到来都有新发现，每一次的观赏寻觅都有新感觉。而苏辙的和诗也很有自己的文化体验。如《楼观次韵》："神仙避世守关门，一世沉埋百世尊。旧宅居人无姓尹，深山道士即为孙。天寒游客常逢雪，日暮归鸦自识村。君欲留身记幽寂，直将山外比羌浑。"以及《和子瞻读道藏》："道书世多有，吾读老与庄。老庄已云多，何况其骈傍？所读嗟甚少，所得半已强。有言至无言，既得旋自忘。譬如饮醇酒，已醉安用浆?昔者惠子死，庄子哭自伤。微言不复知，言之使谁听？哭已辄复笑，不如敛此藏。脂牛杂肥牸，烹熟有不尝！安得西飞鸿，送弟以与兄？"

这首《楼观次韵》更突出对老子的尊崇。苏辙深知楼观道派的渊源，视关尹喜为楼观道的宗师，而《和子瞻读道藏》充分体现了他对老庄的嗜好。诗中说：只要在老庄那里学懂一点点道理，就足以自慰平生。

北宋文人不断接受、反思道家、道教。道家、道教成为他们日常生活中非常重要的组成部分，道家、道教的思想深入地渗透到了士大夫的心灵深处，对文人士大夫们的为人处世、治国理民等各个方面都产生了深刻的影响，对北宋政治、经济、军事、外交及思想、学术、文化也都产生了较深远的影响。

后 记

这本小册子是仓促中草就的。

道家文化的历史渊源由来已久，具有旺盛的生命活力。作为一种生命哲学，道家文化在中国历史上对不同王朝产生了不同影响，以至于儒家中的新儒学和佛教的禅宗都不能不借助于道家的认知体系传播他们的思想。道家思想尤其对历代文人的文学创作产生了不可估量的思想影响和审美观的影响，反映在诗歌中，形成了中国式的古典浪漫派。

基于对道家文化的这种认识，我们编写了这本小册子，旨在向广大读者提供一个了解楼观文化的窗口。其中第五章和第七章由王亮亮执笔、杨恩成统稿。

限于我们的水平，错误和不当之处在所难免。恳请读者指正。

杨恩成

2011年10月